JN269489

Dior
THREE
Dior
Dior
Dior
THREE
DOTS OBSESSION
YAYOI KUSAMA

for all the woman
who would like to pursue
the essential portion of beauty.

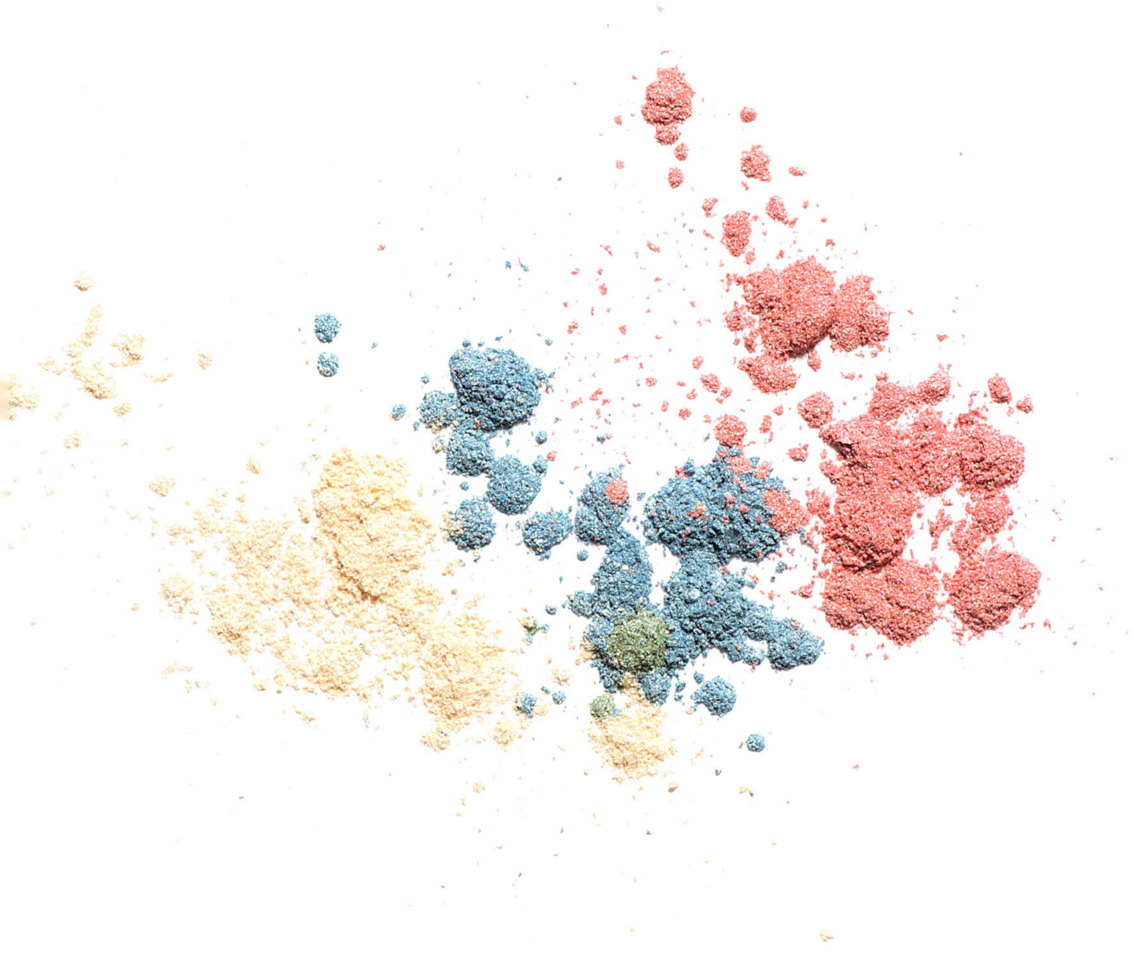

MAKE YOU UP

ETERNAL BEAUTY RULES

Beauty Direction & All Make up by MICHIRU

はじめに

メイクアップには美しさを引き出してくれる力があります。
メイクアップには自分の個性を認めさせてくれる力があります。
メイクアップには悩みや思い込みから解放させてくれる力があります。
メイクアップには本当の自分に出合わせてくれる力があります。
メイクアップには何でもない一日を楽しく演出してくれる力があります。

メイクアップはとってもパーソナルなもの。
"誰かの顔"はあくまでインスピレーションソースに、"自分の顔"と向き合ってみましょう。
その時間こそが、美しさを育みます。

いくつもの顔を持つことができるのは、女性に許された特権。
日々変化する自分を楽しみながら、メイクアップを思う存分楽しんでください。

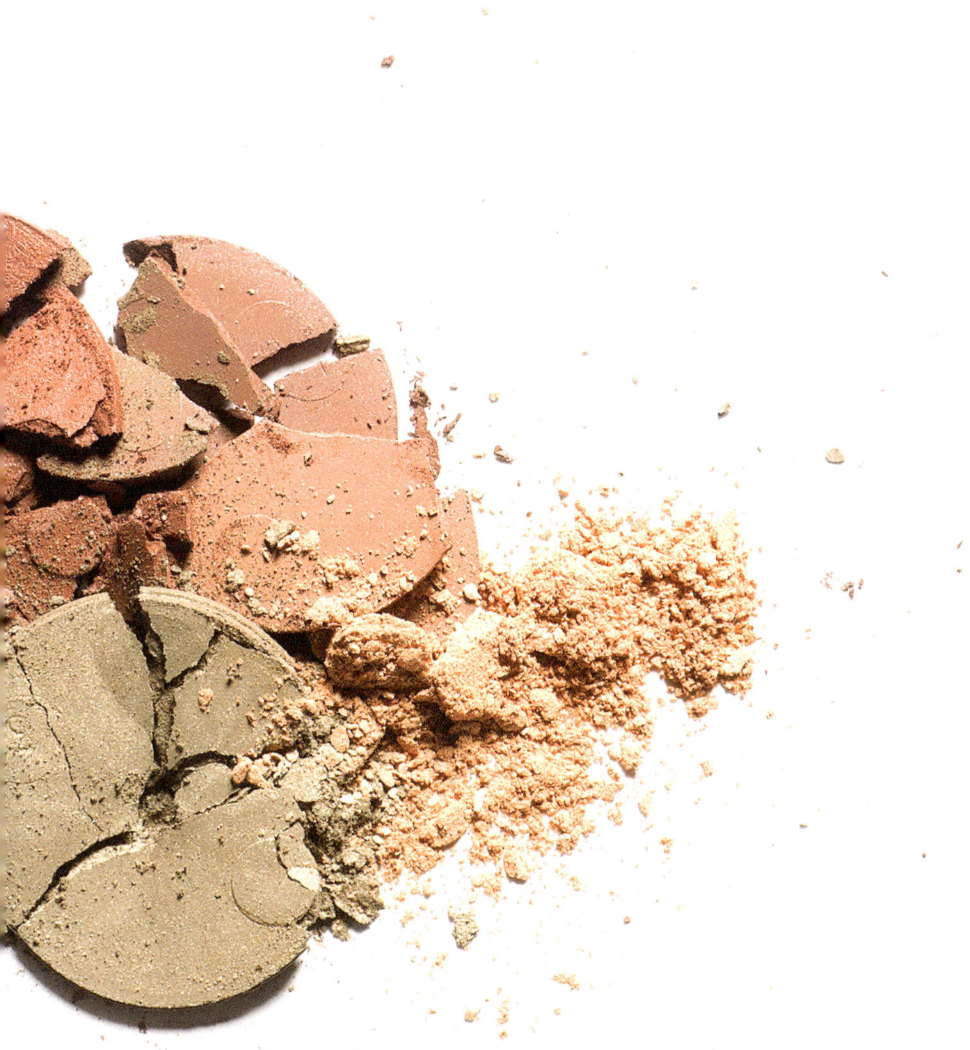

INDEX

013	**chapter1 : THE BASICS**
014	SKINCARE BASICS
016	FRESH SKIN
020	SEMI MATTE SKIN
024	FOGGY SKIN
028	DOWNY SKIN
032	SENSITIVE SKIN
037	EYES
038	Eyebrow
040	Eye Shadow
042	Eye Line
044	Eye Lush
046	ETERNAL COLOR for EYES
049	LIPS
050	Lip Line
052	Lip Gloss
054	Lip
055	ETERNAL COLOR for LIPS
057	CHEEKS
058	Cheeks
060	Highlight&Shading
063	**chapter2 : THE ADVANCED**
064	SKINCARE ADVANCED
066	LESS IS MORE
068	IMPRESSIVE COLORLESS
070	INTENTIONAL PINK

072	UNFORGETTABLE EYES
074	INSISTENCE LIP
076	FLAWLESS AGELESS
078	POSITIVE CORAL
080	TIPS for USUAL MAKE UP
084	MY ESSENTIAL BRUSHES
086	MY ESSENTIAL TOOLS
088	HEALTHY CONSCIOUS
090	AM TO PM
092	BITTER SWEET
094	HARMONY FINE
096	INNOCENT PURITY
098	chapter3:MAKE ME UP
100	YU AKIMOTO
102	MIEKO KOBAYASHI
104	FAY
106	JUNKO ASANO
108	YUKIKO FUJINAGA
110	YUKIKO HANGUI
112	KANAKO NISHIKAWA
114	FUJIKO
116	YUMIKO SAKASHITA
118	KAHIMI KARIE
120	MESSAGE from MICHIRU
122	WORKS
126	BRAND LIST

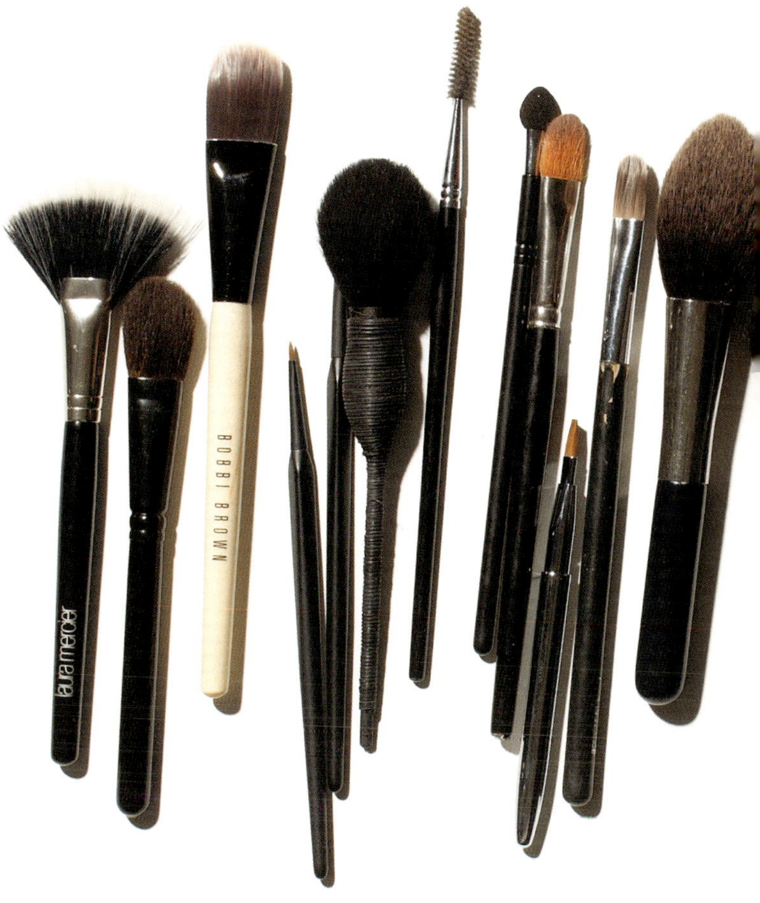
laura mercier
BOBBI BROWN

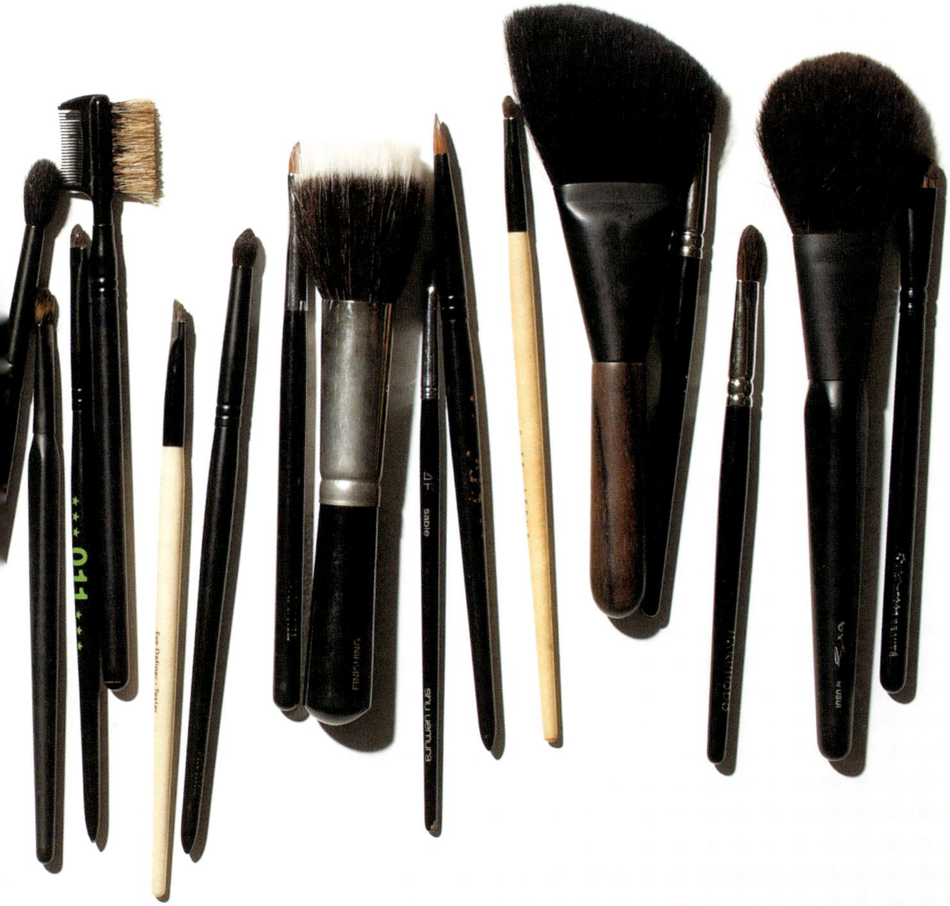
011
FINISHING
sable
shu uemura

極論を言ってしまえば、メイクアップには絶対的なルールはありません。大切なのは、"素顔の時よりもメイクした後の方が魅力的になっている"ということ。顔だちをガラッと変化させようとするのではなく、自分の持つ空気感を整えるような気持ちでメイクすることが美しさへの近道です。たとえばファンデーションを塗る時には、肌の中で一番キレイな部分を伸ばしていくようなイメージで。たとえば目元には色ではなく光をのせていくような気持ちで。第一章では私の経験の中から生まれたベーシックルールをご紹介しますが、もちろんアレンジはOK！五感を使って自分自身のためにメイクする楽しみをぜひ体感してみてください。

chapter1
THE BASICS

BASE

SKINCARE BASICS

メイクアップアーティストの間ではメイク前のスキンケアのことを"プレメイク"と呼んでいます。 なんと言ってもその目的は、ファンデーションにとって最上の肌状態に整えること。 プレメイクを丁寧に行えば、使うファンデーションの特性を最大限に生かすことができますし、あらゆる環境の撮影でも化粧崩れを最低限に抑え、メイク持ちを良くすることが可能です。 また、初めて使うメイク製品であってもトラブルを寄せつけないという効果もあります。スキンケアからメイクが始まっていることを意識するようにしましょう。

1
化粧水を顔全体にしっとりするまで吹きつけます。 大切なのは浸透力があるものを選ぶこと。 使用感やテクスチャーに惑わされず、潤いの浸透力を肌でキャッチしましょう。

2
手のひら全体を使って両手で顔を包み込むようにしながら化粧水をなじませ、肌にしっかり浸透させます。 手で肌を癒すようなイメージで。

3
美容液を顔全体につけます。 目元や口元など、皮膚が薄くて乾燥する部分には中指と薬指を使ってトントンと押さえるように。 気になるシワは、やさしく伸ばすようにしてつけましょう。

4
手のひらに適量の乳液をとって顔全体に広げます。 一度につけずに何点かに分けることでつけ残しがなくなり、均等に伸ばすことができます。 目元と口元は特にやさしく丁寧に伸ばしていきましょう。 日中テカりがちな人は額、小鼻など皮脂が浮きやすい部分は少なめに。

5
ティッシュで余分な油分をオフ。 この一手間で、ファンデーションのムラ塗りを防いでくれます。 メイク用のスポンジを用いてもOKです。

6
肌表面はサラリとしているのに内側はしっとり潤っている、水分・皮脂バランス整った状態になったらプレメイクの完成。 クリーンな肌があってこそ、さまざまなメイクを積極的に楽しむことができます。

Select Point for Perfect Make up

about Lotion

化粧水選びで重視するのは、テクスチャーや使い心地以上に、肌状態が改善されていることを感じさせてくれる確かな手応え。肌の深部までしっかり潤いを届けつつ、いかにレベルアップさせてくれるかを期待しています。

about Serum

美容液は肌の悩みに細かく応えてくれる、優秀なアイテム。シミ、シワ、たるみなど、具体的な悩みを持っている人には不可欠です。プレメイク用としては、肌が敏感に傾いた時用に鎮静効果があるものを揃えておくと安心です。

about Moisturizer

油をメインに水分を加え、乳化させて肌になじみやすい形状にした乳液は、日中の肌の乾きを防ぐためのマストアイテム。潤いを閉じ込めるだけでなく、過剰な皮脂分泌を抑える効果もあるので、プレメイクの仕上げに必須です。

a 乾燥した肌に水分をしっかり抱え込ませたい時にはジェル状のアロエの美容液を重ね塗り。潤いを与えるだけでなく、肌を根本から立て直してくれます。モイスチャーエッセンス 30mL ¥11,970/ヴェリマ

b Uゾーンの乾燥、Tゾーンのテカリを抑え、マットでなめらかな肌に仕上げてくれるクリーム。イランイランの甘美な香りが気分をリラックスさせ、肌の水分・皮脂バランスを調整します。クレーム93 50mL ¥6,510/ヨンカ

c フレッシュな肌へと導いてくれる乳液。肌に負担をかけずにしっかりと紫外線から守ります。ストレスに対抗する肌の自己防衛機能を助ける効果も。オールデイ オールイヤー 50mL ¥38,325/シスレー

d 敏感に傾いた肌にも安心な乳液。微粒子化した酸化亜鉛が肌の表面を覆って紫外線を反射し、潤いを与え保護します。フェイシャル ハイドレーティング クリーム SZ 60mL ¥5,985/イソップ

e ローズの精油とアロエなどのハーブエキスを配合した化粧水。ビタミンやミネラルをたっぷり含んだローズが、エイジレスな肌へと整えてくれます。ローズミスト バランシング 100mL ¥4,725/ジュリーク

FRESH SKIN

素肌そのものが美しいかのような印象を与えたい人におすすめなのが、薄づきのファンデーションで表現するフレッシュスキン。一番ナチュラルな仕上がりでありながら、乾燥しやすい肌をカバーする効果も。カジュアルなファッションとの相性はもちろんばっちり。フォーマルなファッションと合わせても抜け感が生まれ、洗練したムードになります。

FRESH SKIN

1

下地となるプライマーをアズキ一粒分くらいを手にとって、顔の広い部分から全体に伸ばします。化粧持ちを良くし、仕上がりのみずみずしさをアップさせるのが目的のため、下地での色味調整は不要です。

2

下地を目の周り、小鼻といった細かい部分に指先で丁寧に伸ばしたら、顔全体を手のひらでやさしく押さえて肌との密着感を高めます。

3

ハイライト効果のある、ファンデーションよりもワントーン明るめのコンシーラーを、目の下のクマ、Tゾーン、鼻筋にのせていきます。目の下から頬骨、目頭から目尻全体まで、塗っていない部分との境目がなくなるようにコンシーラーをトントンとやさしく叩き込むような感じでなじませます。ニキビやクマなどの部分トラブルのカバーは後のステップで。

4

素肌感を最大限に生かすため、ファンデーションはコンシーラーを塗っていない部分にだけつけていきます。ファンデーションの色味は首と自然になじむものを選びましょう。ブラシを使って顔の中央から外側に向かって伸ばしていくことで、厚塗りやムラを防ぐことができます。

FRESH SKIN

5

ナチュラルに仕上げるためにも、額や顔の外側はほぼ塗っていないくらいの状態で十分。境界を指でなじませたら、スポンジでしっかりとフィットさせましょう。生え際や首まで薄く丁寧に伸ばすことで、キメ細やかで透明感のある肌が表現できます。

6

ニキビやシミなどといったピンポイントのトラブルにブラシでコンシーラーをのせて軽く指で叩き込みます。小鼻の赤み、リップラインなど細かい修正もこのタイミングで行います。

7

透明感をより高めるため、ファンデーションをつけた部分にだけパウダーをふんわりとのせていきます。ブラシにパウダーを含ませたら手の甲で余分なパウダーを払い、テカりやすいTゾーンを中心に。乾燥しがちな人はTゾーンだけでOK。

FRESH SKIN

a
b
c
d

a 柔らかな超微粒子のパウダーは粉っぽくならず、肌に溶け込むようになじみ、洗練されたなめらかな仕上がりに。トランスルーセントパール配合で自然なツヤと透明感をプラス。ダイアフェネス ルースパウダー グロー 01 17g ¥5,250/THREE

b まるで美容液のように肌をしっとり満たすことで、透明感とツヤ感を生み出してくれるメイク下地。輝きをプラスして肌色を美しく際立たせてくれます。モイスチャライジング ファンデーション プライマー N 03 30mL ¥3,675/ポール&ジョー ボーテ

c オイルフリーの処方を採用した乳液のように軽いファンデーション。透明感のあるヴェールで肌を守りながら、ナチュラルにカバーします。ピュアラディアント ティンティッドモイスチャライザー（SPF30・PA+++）2322 50mL ¥5,040/NARS

d 軽いテクスチャーでありながら、気になる部分をしっかりカバーするスティックタイプのコンシーラーは携帯にも便利なコンパクトサイズ。さまざまな肌色に対応するカラー展開が魅力です。コンシーラースティック 1212 ¥2,625/NARS

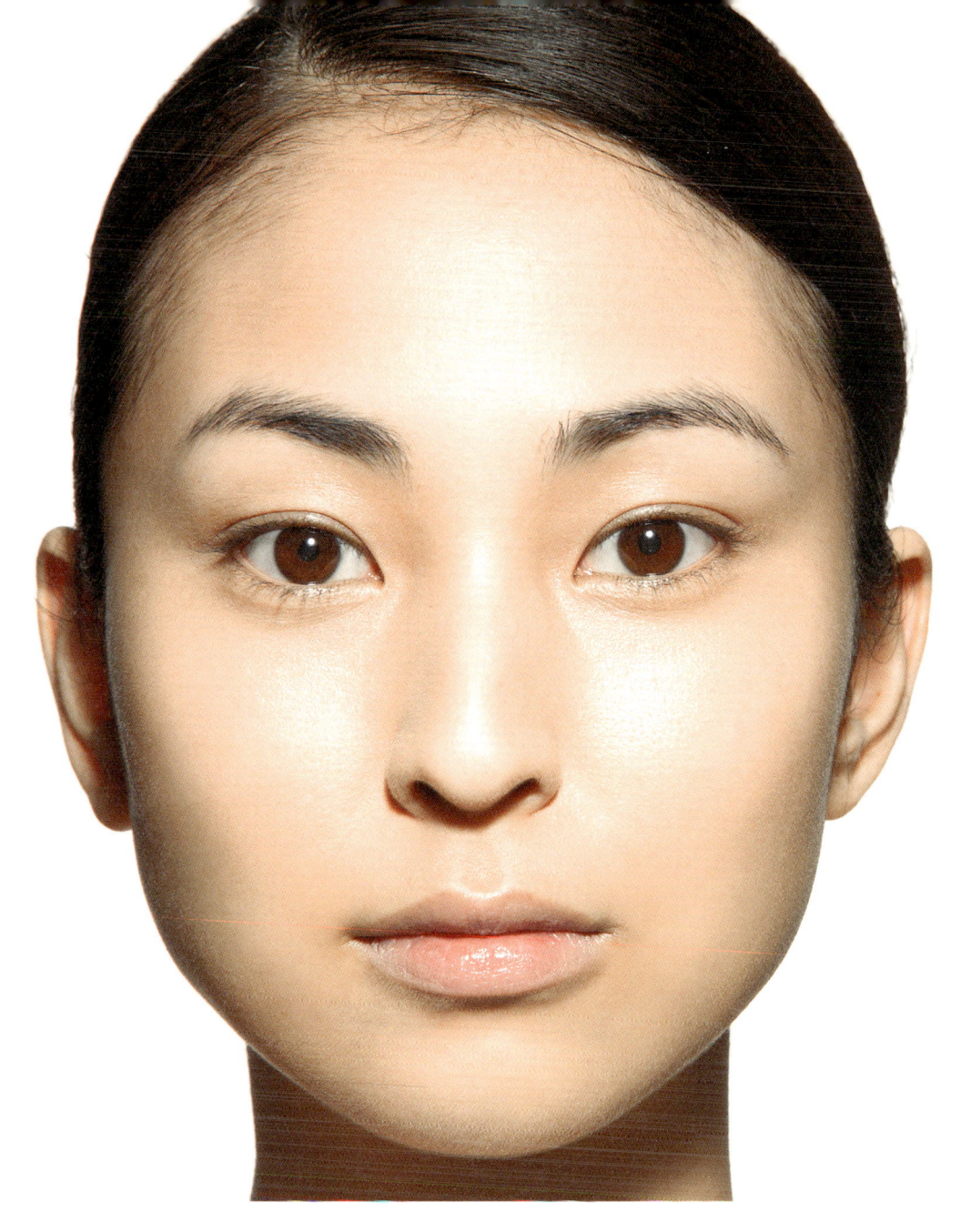

SEMI MATTE SKIN

軽い印象なのに、ワンランク上の上質感も表現できるのがセミマットスキン。光の加減でほのかに光る程度の抑えたツヤ感は、サテンやシルクのような印象を与えます。どんなファッションやメイクとも合うマルチ対応の肌ですが、特にポイントを絞ったメイクとのバランスは抜群！静かに主張する、名脇役に徹してくれます。

SEMI MATTE SKIN

1
アズキ一粒分くらいのピンク系のコントロールカラーを、額、頬などの顔の広い部分に指でやさしくなじませます。横に伸ばすのではなく、トントンと軽く叩き込むようになじませるのがポイント。小鼻や口の周りは指先で密着させるように。肌をワントーンアップさせ、気になるくすみをカバーすることが目的です。

2
スポンジでコントロールカラーを肌に密着させるように押さえつつ、余分な油分を取り除きます。ムラなくファンデーションがのり、持ちがグッと良くなります。

3
コンシーラーを目の下のクマやくすみ、小鼻の赤みが気になる部分にトントンと叩き込むようになじませます。広範囲に広がらないようにするのがポイント。目尻のくすみや赤みなど、際まで丁寧に。

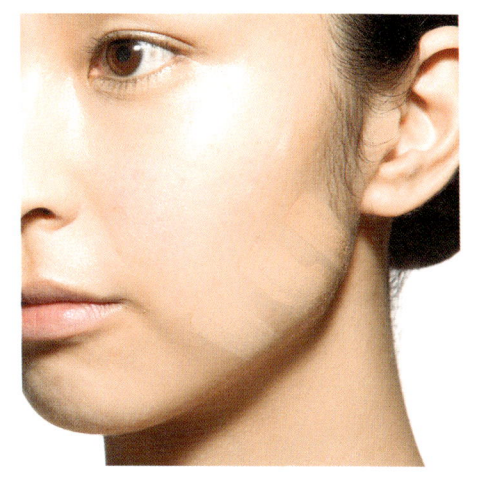

4
首の色と自然になじむワントーン暗めのファンデーションを選びます。コントロールカラーで肌のトーンがアップしているので、多くの人の場合、若干イエローベースのファンデーションを使うと、肌の色調にキレイに溶け込んで、生き生きとした健康的な肌が演出できます。

SEMI MATTE SKIN

5

コンシーラーを塗っていない部分にだけ、ごく少量のファンデーションを指で温めながら、顔の中央から外側に向かってポンポンと置くように伸ばしていきます。ファンデーションの乾きを防ぐためにも、片方の頬を仕上げてからもう片方の頬へと移行しましょう。

6

スポンジでファンデーションを肌に密着させるように押さえつつ、余分な油分を取り除きます。生え際などは、スポンジに含んだファンデーションをなじませる程度で十分。全顔を均一にカバーしてしまうと、立体感がなく、老けた印象になってしまいます。

7

ヨレやすい目元、口元を中心にパウダーをふんわりとのせていきます。ブラシは山羊毛などの毛足の長い柔らかい大きめのブラシがおすすめ。パール感のない、もしくは入っていたとしてもごく微細のパールのパウダーを選ぶことが、ツヤ感を抑えたセミマットスキンのポイントです。

8

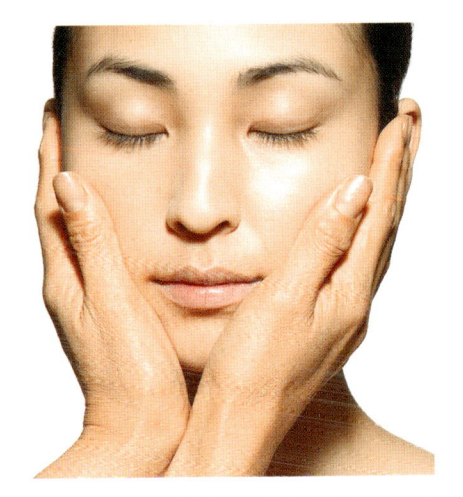

手で顔を覆うようにして、密着感を高めます。時間が経ってテカリが出てきた場合には、ティッシュで油分をオフしてから薄くパウダーをプラス。脂取り紙では油分を取り除き過ぎ、乾燥を招いてしまいます。

SEMI MATTE SKIN

a

気になるシミや色ムラ、小ジワや赤みををナチュラルかつ思い通りにカバーし、長時間キープするクリームタイプのコンシーラー。肌になじむ2色セットで、隙のない肌作りに最適です。シークレットカモフラージュ SC-3 ¥4,200/ローラ メルシエ

b

洗練されたパールが肌に透明感をもたらすベース。肌色を均一に整え、ニュアンスをコントロールします。軽くてみずみずしいテクスチャーで、厚塗りの心配もありません。ル ブラン メークアップ ベース 10 ロゼ 30mL ¥6,300/シャネル

c

微細なパウダーで、まるで薄いヴェールをかけたような仕上がりを実現。Tゾーンや小鼻の気になるテカリを抑え、化粧崩れを防ぎます。ナチュラル ヴェール パウダー No.1 ¥4,200、コンパクト ケースI ¥1,050/アディクション

d

軽やかなテクスチャーで肌に溶け込むようになじみ、セカンドスキンと言えるような自然な仕上がりを実現。気になる部分をカバーし、美しい仕上がりを長時間保ちます。ペルフェクシオン ルミエール フリュイド 30mL ¥6,720/シャネル

FOGGY SKIN

「霧のような、ぼんやりとした」という意味を持つフォギースキンは、まるで磨りガラスのような、一枚薄いヴェールを被ったような仕上がりが特徴。 肌表面に触れると実はサラリとしているのに見た目はしっとり感がある肌は、上質なカシミヤのよう。メイクの時間を短縮したい時にも最適です。

1

保湿効果のあるアズキ一粒くらいの下地を顔の広い部分から外側に向かってなじませます。フォギースキンの特性を生かすためにも、パール感のないもの、もしくは繊細なパール感のものをセレクトしましょう。

2

パウダーファンデーションは崩れやすいので、皮脂分泌の多い小鼻、Tゾーンに、マットに仕上げる専用下地をパッティングするように叩き込みます。重ねるほどに崩れやすくなるので、気になる部分は下地でカバーして、ファンデーションはごく薄くがポイントです。

3

余分な下地をスポンジで吸い取りながら、肌になじませます。小鼻や目元、口元などの凹凸のある部分は特に丁寧に。この一手間がパウダーファンデーションがムラになってしまうのを防ぎます。

4

ニキビ、シミ、クマなどの気になるところには軽いタイプのコンシーラーでカバーします。ハイライト効果のあるようなものがベストです。

FOGGY SKIN

5

6

パウダーをブラシに含ませて、顔の中央から外側にスライドさせるように伸ばします。小鼻や目元の細かい部分には二つ折りにしたスポンジにパウダーを含ませ、押さえてなじませるように。パウダーはつけすぎると凹凸のないフラットな顔になってしまうので要注意！

時間が経過すれば肌の油分となじんで自然に粉っぽさは取り除かれますが、スプレーミストを軽く吹きつければ瞬時にしっとりした印象に。肌に直接吹きつけるのではなく、霧をかぶるようなイメージで。

7

手で顔を覆うようにして、密着感を高めます。日中メイクが崩れた場合には上から重ねるのではなく、乳液で崩れた部分のファンデーションをオフしてからパウダーをブラシで軽くのせるようにしましょう。

セレンを豊富に含むフランスの湧水をボトリングしたマルチミスト。細かい粒子のスプレーなので、メイクの上から密着感を高めるのに最適。ターマルウォーター50g ¥1,050/ラ ロッシュ ポゼ

FOGGY SKIN

a	b
乳液のように軽いテクスチャーで一塗りで肌表面をなめらかにし、内側から輝くような仕上がりに導くベース。繊細なパールが、毛穴やくすみ、色ムラをカバーします。ディオール スキン ラディアント ベース 001 30mL ¥5,040/ディオール	皮脂分泌の多い小鼻や毛穴の気になる部分にメイク下地として使うことで、マットな状態を長時間キープ。日中に使用するとツヤを抑えて、メイク仕立ての美しさを取り戻させてくれます。スキンスムージング フェイスプレップ ¥3,990/NARS

c	d
肌に透明感と自然な立体感をもたらすハイライト効果のある筆ペンタイプのコンシーラー。目元のクマやくすみを取り除き、一筆で顔だちを美しく演出してくれます。ラディアント タッチ 2 2.5mL ¥4,935/イヴ・サンローラン・ボーテ	まるで磨き上げたような輝きに満ちた肌に仕上げるパウダーファンデーション。肌表面をなめらかに整え、光拡散効果で気になるシワや毛穴などの悩みを消し去ります。カプチュール トータル パウダー コンパクト 020 ¥11,025/ディオール

DOWNY SKIN

「綿毛のような、ふわふわした、柔らかい」という意味を持つダウニースキンは、肌の内側が潤いに満ちた、弾力が感じられるような仕上がりが特徴。シミやシワ、乾燥などといった年齢のサインが気になる肌をエイジレスな肌にチェンジさせるのにも効果的です。カバー力もあるので隙のない上質感のある肌が表現できます。

1

光を自然に拡散させる繊細なツヤ感のあるベースを顔の中央から外側に向かって指で優しく押さえるようになじませます。肌の明度、輝きをアップさせ、ハリを与え、メイクのノリと持ちを良くしてくれるものをセレクト。

2

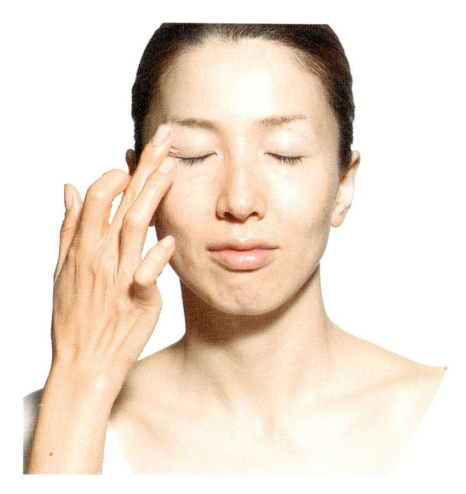

目元のくすみを取り除き、アイシャドウの発色、持ちを良くするためにアイホール全体に専用ベースを伸ばします。くすみを払い目元をワントーン明るくするような、ハイライト効果のあるものを選びましょう。

3

保湿効果も高いクリームタイプのファンデーションを、ブラシを用いて顔の中央から外側に向かって素早く伸ばします。手で伸ばすよりも早く、密着感もアップします。伸ばす過程で自然なグラデーションができるくらい、なめらかなテクスチャーで伸びがいいタイプを選ぶのがポイントです。

4

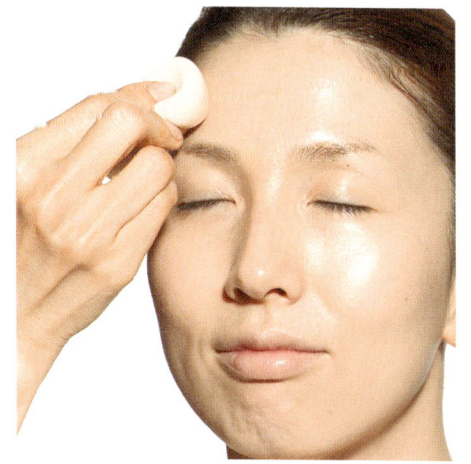

余分な下地をスポンジで吸い取りながら、肌になじませます。フェイスラインは境目がわからなくなるまで特にしっかりとなじませて。この段階で顔のくすみが消え、ワントーン明るくなっていることを確認しましょう。

DOWNY SKIN

5

コンシーラーをブラシにとって、目元、小鼻の周り、口元にのせていきます。クリームファンデーションと一体化させるように、指で丁寧になじませましょう。

6

透明感を出すため、大きめのブラシで顔全体にパウダーをふんわりとのせていきます。自然なツヤ感を残したいので、パウダーの量はごく少量を。この後に再びスポンジでパウダーをなじませるとフィット感が高まり崩れにくくなります。

7

パフにもごく少量のお粉を手の甲で調整してから崩れやすいTゾーン、小鼻周り、法令線の上、あご先などテカリやすいところに軽く押さえ、ファンデーションとパウダーの密着感を高めます。まぶたはパフを二つ折りにしてさっとなじませます。パフは横に伸ばすのではなく、軽く圧をかけていくようにしましょう。

DOWNY SKIN

a	軽くてまろやかなテクスチャーのクリームファンデーション。するりと伸びて、ピタッとフィット。自然なツヤと輝きを放つ立体感のある肌に。フローレス クリーム ファンデーション206 28g ¥5,775/THREE
b	つるんとなめらかな状態に整えるメイクアップベース。軽やかに伸びる、みずみずしいテクスチャー。ファンデーションのフィット感や持ちを一段と高めます。プリスティーン プライマー グロー 30mL ¥3,990/THREE
c	悩みをカバーするコンシーラー。肌に密着するようにフィットして、カモフラージュしたい部分のアウトラインを効果的にぼかします。ポイント シーラー 5YR ミディアム ライト ¥2,730/シュウ ウエムラ
d	シルクのようになめらかなパウダー。重ねづけしても厚ぼったくならないので、仕上がりはナチュラル。美しい状態を長時間保ちます。ルースセッティングパウダー トランスルーセント 29g ¥4,935/ローラ メルシエ
e	くすみをリセットし、アイシャドウの発色と持ちをアップさせるまぶた用ベース。美容液成分配合で、乾燥しやすいまぶたを、やさしくケアします。アイリッドベース(N) 01 ニュートラル ¥2,940/ルナソル

SENSITIVE SKIN

敏感肌とは言わずとも、季節や体調によって肌が一時的に敏感に傾いて、今までの化粧品が使えなくなってしまった、ということは多くの女性が経験しているはず。私がおすすめするのは徹底的に肌に負担をかけない成分にこだわって作られたミネラルコスメで仕上げるベースメイク。パウダーの重ね方やベースの仕込み方でカバー力も調整可能。肌を休ませたい時のメイクとしてもおすすめです。

SENSITIVE SKIN

1

アズキー粒分くらいの透明感のある下地を、肌に摩擦がかからないよう、やさしくトントンとなじませます。肌トラブルをカバーしながらコンディションを整え、日中の肌を保護してくれる下地を選びましょう。

2

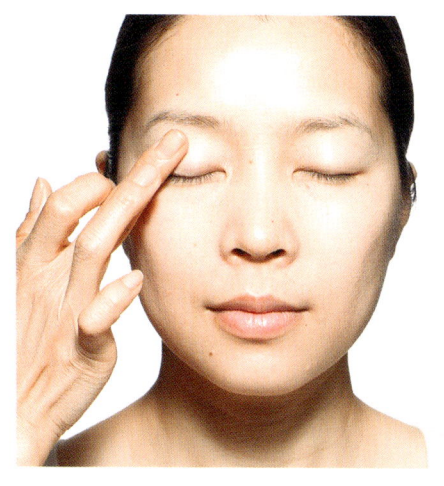

くすみやすい目元に専用のコントロールカラーを塗ります。目元をワントーンアップさせ、アイシャドウの発色、持ちを良くすることが目的です。

3

目の下や小鼻の赤みなど、口元のくすみなど色ムラが気になる部分に肌に負担の少ないリキッドタイプのコンシーラーをなじませ、肌全体を均一なトーンに整えます。

4

スキンケア効果の高い100％シルクでできたパウダーを、ファンデーション前のプレパウダーとして、乾燥しやすい目元などデリケートな部分に専用のパフで肌になじませます。乾燥肌の人は顔全体に。

SENSITIVE SKIN

5

肌に負担のかからないミネラルモイストパウダーファンデーションを顔中央の広い部分からポンポンとなじませます。パウダーを薄く仕上げると、透明感が出ます。

6

この時点でまだ気になるシミ、ニキビがあれば、パウダータイプのミネラルパウダーコンシーラーを重ねます。ポイントになるところにのせて、周りからぼかしていくと自然になじみます。

7

敏感に傾きがちな肌は紫外線のダメージを受けやすいので、季節を問わずUV効果のあるパウダーを上から重ね塗りします。時間が経てば皮脂と混ざり、リキッドファンデーションで仕上げたようなつややかさが演出できます。

SENSITIVE SKIN

a	b	c	d	e	f
ミネラルと美容液成分のみでできた贅沢なコンシーラー。伸びが良く、コンシーラーとしても、クリームファンデーションとしても使えるような使用感も魅力です。ミネラルコンシーラーファンデーション02 ¥5,250/MiMC	天然シルク100％のパウダー。18種類のアミノ酸を含み、肌の潤い成分とほぼ同じ組成でできているため、スーッとなじみ、肌を潤わせながら、外的ストレスからしっかり保護します。モイスチュアシルク ¥5,460/MiMC	ミネラルをベースにスキンケア効果の高い成分を配合したパウダータイプの日焼け止め。保湿しながら受けてしまった肌ダメージを補修してくれます。スーパーミネラルパウダーサンスクリーン SPF50 PA+++ ¥6,300/MiMC	100％ミネラルパウダー処方のファンデーション。紫外線を多角的にカットしながら肌質感をアップさせ、しっとりとした状態を整えます。ミネラルモイストパウダーファンデーション 101アイボリー ¥5,775/MiMC	薄づきファンデーションにもなるBBベース。オーガニック植物エキスでできた美容液ベースにミネラルパウダーをプラスして、肌へのやさしさを叶えています。敏感に傾いた肌にも。メイクアップクリーム 25mL ¥2,940/ナチュラグラッセ	パウダーでありながら、リキッドのような使用感でピッタリと密着するコンシーラー。急なトラブルもしっかりカバー。メイクの上からも使うことができるので、メイク直しにも。ミネラルパウダーコンシーラー ¥3,150/MiMC

EYES

目は時に言葉を話すことができるもの
メイクで好奇心に満ちた輝きをプラスして
耳を傾けたくなるような目元に

Eyebrow

眉は顔の中で"額縁"と呼ばれるパーツ。これほど顔全体の印象を大きく変えられるパーツはありません。トレンドを取り入れたいにしても、大切なのは自眉を生かし、作り込んだ感を出さないこと。パウダーとペンシルを使って、自然なボリューム感と立体感のある、自分にとってのベストを見つけましょう。"口角から小鼻の延長戦上に眉尻がくるように"が基本ですが、短ければフレッシュに、やや長ければエレガントなムードに、眉マスカラでトーンアップすれば洗練された印象にも。眉の筋肉の癖も考えて、さまざまな表情に合う自然に主張する眉に整えましょう。

1
スクリューブラシで眉毛の流れを整えてから、鏡に映して自分の眉の形、バランス、隙間部分、毛流れをチェック。仕上がりの眉頭の位置、眉山の高さ、眉尻の長さをイメージします。

2
眉頭より1cmくらい中に入ったところの眉下の位置から眉山に向かって、パウダーを含ませたブラシで描き始めます。あくまでもフワッと下書きするようなイメージで。最初に中央部分を描くことで形のバランスがとりやすくなります。

3
眉山から眉尻に向かって気になる眉の隙間の部分を埋めていきます。自眉の色に合わせたニュアンストーンの色を選び。肌に触れているか触れていないか程度に軽く当てれば、眉尻のスッキリとした線も簡単に描けます。

4
ブラシに残っている微量のパウダーで、眉頭から鼻筋に向かって影を足していきます。眉が太い人、しっかりとしている人は省いてOKのステップです。眉の下辺のライン、左右のバランスなど、色々な角度からチェックしましょう。

5
ペンシルに持ち替えて、眉山から眉尻の輪郭をしっかり描いていきます。毛量がまばらな部分を一本一本描き足す感覚で描き、トーンを確認しながら調整。小鼻と目尻の延長線上が長さの目安です。

6
スクリューブラシで眉頭の下から上にブラッシング。太くなり過ぎたり、濃くなり過ぎているようだったら、ブラッシングしながらパウダーの量を落として調整。眉山から眉尻の輪郭も軽くぼかします。

7

専用のアイブロウマスカラ、もしくは透明のマスカラでで上方向に毛流れを整えてをフィックス。程良いツヤ感と立体感がプラスされることで、フレッシュで生き生きとした印象を与えます。

Q 眉毛の色はどうする?

生まれ持った眉の毛量・太さにもよりますが、特に髪をカラーリングしている場合などには、髪と瞳の色の中間くらいの色に整えるのが一つの目安です。アイメイクを濃くする場合は若干眉を明るめにして存在感を弱くしたり、また、色味を抑えたメイクではいつもよりしっかり目に描いたり。何よりも顔全体でのバランス感を重視しましょう。

Eyebrow

a
日本人の眉に合う2色をセットにしたパウダータイプのアイブロウ。柔らかい風合いと発色で、ナチュラルな眉が簡単に完成。繊細なラインも描きやすいブラシつきです。プレスド アイブラウ デュオ03 ¥3,675/THREE

b
汗や皮脂をはじく、密着感の高いアイブロウパウダー。自然な眉を簡単に描くことが可能です。2色を使用することで、より自然な立体感ある眉に。ラスティング アイブロウ & ライナー M-2 ¥3,360/マックス ファクター

c
一本一本の眉毛を簡単にコーティングすることができるアイブロウマニキュア。自然なツヤ感のあるカラーリングが楽しめます。ウォータープルーフタイプ。アイブローマニキュア トーニー ゴールド ¥3,150/シュウ ウエムラ

d
なめらかなテクスチャーのアイブロウペンシル。にじまず落ちにくく、ぼかしたラインもくっきりとしたラインも自由自在。ナチュラルな眉から洗練された眉まで、思い通りに楽しめます。クレヨン スルスィル 40 ¥3,045/シャネル

e
適度な硬さで、線が細く描きやすく自然な色づきのアイブロウペンシル。眉を立体的に自然に仕上げたい時に、またパウダーで描いた後の締めの一本として最適です。ハード フォーミュラ ハード 9 ¥2,100/シュウ ウエムラ

Eye Shadow

アイシャドウは立体感やイメージ変化、メイク全体のバランス調整に効果的なステップ。基本的にはアイシャドウのカラーは好みのものを、または、TPOなどに合わせて選ぶのが一番ですが、ベージュ～ブラウン系のパレットは一つ持っていて間違いがないと思います。カラーだけでなく、マット、シマー、メタリックとなどといった異なる質感の組み合わせで作る目元も洗練された印象を与えてくれます。

1
目のくすみを払い、アイシャドウの発色、色持ちを良くするため、アイホール全体にコンシーラーを塗ります。

2
アイホール全体にベースの色となる明るいカラー(B)を塗ります。まぶたの色の延長線上にあるような、肌なじみのいいベージュ系であれば、上に重ねるカラーを選びません。

3
ベースとなるカラーよりも色を感じさせるメインカラー(A)で、アイホールの一番影になる部分を塗ります。目を開けた時に二重の内側に入る部分を目安にして入れましょう。

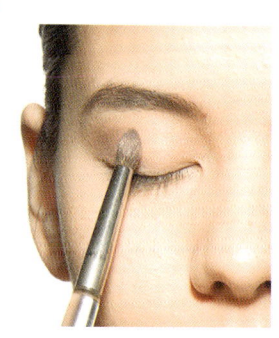

4
ダークな目元に仕上げる場合にはスモーキーカラーを、明るい感じの目元にする場合はオレンジ、ブルーなどのカラーシャドウを。プロセスが変わってくる部分ですが、基本的には影色の延長線上にあって、より濃く発色するカラーをアイホールに仕込みます。

5
パレットじじれは一番ダークな色(D)を、単色のシャドウであれば、ダークなブラウン系の締め色をブラシにとって、ラインのように目の際に入れます。

6
締め色(D)をアイホールに向かってぼかしていきます。目元に自然な奥行きを生み出す、美しいグラデーションが仕上がります。自分の目の形に合った幅を探しましょう。

7
目尻から中央に向かって、下まぶたの際にも明るいカラー（C）をのせます。上下の締め色をつなぐような感じで、横にスッと伸ばすように。

8
目頭の上下を囲むように明るいハイライトカラー（E）をのせます。目元にポイントを置きたい場合には、繊細なラメ感のある光カラーをセレクトしましょう。メイクに抜け感が生まれます。

9
眉下にハイライトカラー（E）をのせ、目元のトーンを整えます。アイシャドウで作ったグラデーションを引き立てる効果もあるので、ラメ感のあるもの、マットな質感のものなどファッションやTPOに合わせましょう。

Eye Shadow

マット、サテン、パールの繊細な質感が揃った万能パレット。ナチュラル、洗練、上品、そしてドラマティックな強い印象の目元まで、思いのままに表現できます。オンブル サンク ルミエール3 ¥7,980／イヴ・サンローラン・ボーテ

フィット感のあるソフトフォーカスベースで、少量で気になる部分をしっかりとカバーするコンシーラー。肌の凹凸を埋め、薄い膜で自然な仕上がりが得られます。スポット コンシーラー02 5.6mL ¥2,625／アナ スイ

Eye Line

アイラインは目の形を強調し、目元を引き締める効果が高いステップです。まつげの延長としてまぶたの際に入れますが、目尻から中央にかけてのみ、まつげの隙間を埋めるように入れるとより自然に仕上がります。黒でラインをいれると瞳が大きく見え、まつげにボリューム感を出すこともできます。年齢を重ねるとまぶたのあたりもシワが寄りがちなので、指先で目尻を引っ張りながら描くようにしましょう。ブラウンカラーは肌になじみやすくナチュラルで知的な感じに。リキッドライナーやジェルライナーはトレンド感を意識した華やかでクールな印象に。ダークカラーからカラフルカラーまでこのアイテム一つで目力を自由に変えることができます。

1
眉下の筋肉を指で引き上げながら、目尻の内側1cmくらいから目尻に向かってペンシルでアイラインを入れていきます。まつげの生え際を埋めていくようにすることで、自然に目尻が強調されます。

2
中央から目尻に向ってラインをつなげていきます。一重や奥二重の人は少し太めに入れ、目を開けたときの状態を確認しながら太さを調整していきます。

3
目頭から中心に向かってラインをつなげていきます。この段階では、若干ラインの太さが均一でなくても大丈夫です。まつげの生え際の肌色の部分が見えなくなるよう、丁寧に埋めていきましょう。

4
目を開いた状態で目尻のラインを調整していきます。この時に目尻のラインを少しはね上げたり、太くしたり、若干伸ばし気味にすることで、仕上がりの印象をコントロールすることができます。下まぶたに入れるとさらに印象的な目元に。

5
はっきりくっきりの状態のラインを綿棒でなぞるようにしてぼかします。アイシャドウとの境をなじませれば、自然に存在感のある目元を演出できます。上からアイシャドウを重ねるとにじみやヨレを防ぎ、キレイなグラデーションの目元を作ることもできます。

6
左右のラインの長さ、はね上げ方が揃っているか鏡でチェックしましょう。至近距離でチェックするだけでなく、顔を鏡から離して目元全体の印象を確認することが大切です。

Eye Line

カーボンブラックピグメントで、インテンスな黒を実現。フェルトペンタイプで液が均一に出るので、細いラインも簡単。速乾性の高さと落としやすさも魅力です。アイライナー エフォシル ¥4,200/イヴ・サンローラン・ボーテ

柔らかな使用感でありながら、アイラインを引いたばかりのような発色が長時間続くペンシルタイプのアイライナー。エクストリーム ディフィニション ツートーン アイディファイナー003 ¥1,050/リンメル

スモーキーアイのベースとしても便利な、なめらかな使用感のアイライナーはウォータープルーフ。便利なシャープナーつきで太さ調整も思いのままに。アイライナー ペンシル07 ¥2,625/アディクション

オイルやワックスが配合されているので、まるでクリームアイシャドウのようになめらかな伸びを実現。目元に溶け込むような細いラインを簡単に描くことができます。フィト コール パーフェクト エボニー ¥5,565/シスレー

グレーニュアンスのアイペンシル。アイメイクの最初のステップとして、目の際やアイホールの輪郭をなぞることで、簡単に陰影のある目元が完成します。ブリリアント パフォーマンス アイペンシル 08 ¥2,940/THREE

濃密な発色で目元に深みを与えるジェルタイプ。まつげの間や際にも、思い通りのラインが描けます。長時間にじみにくいマルチプルーフタイプ。携帯ブラシ付き。ジェルアイライナー 01 ディープブラック ¥3,150/ルナソル

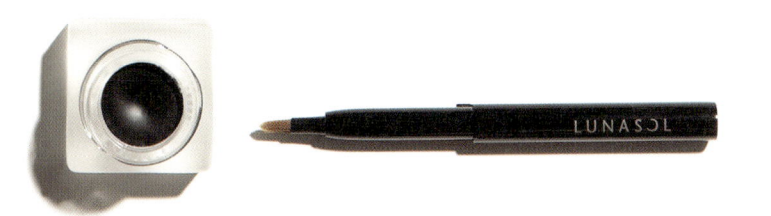

Eye Lush

まつげを濃く長く演出してくれるマスカラは、目元に深みを出してくれるアイテム。まつげの根元の部分にしっかりとつけることで、まるでアイラインを引いたような印象に仕上げることも可能です。濃く仕上げるにしてもダマには要注意。一本一本キレイにセパレートしたまつげで、目元に大人の品格を漂わせましょう。

1
少しあごを上げた状態でまつげの根元にビューラーを当て、カールさせます。必ずまつげ全体をしっかりカバーできる幅のビューラーを使って、ラバーパッドが正しい位置についていることを確認しましょう。

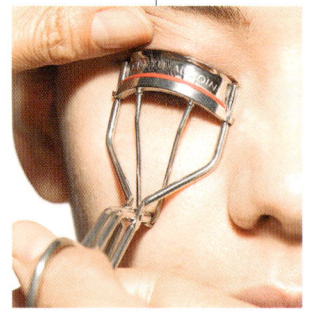

2
ブラシの端をティッシュに当てて余分なマスカラを吸い取ります。ブラシを床と平行に持ち、まつげの根元から先端に向かって動かします。目は下を見るように。目尻方面から中央に移動しながら、まつげの根元から毛先に向かってつけていきます。

3
マスカラが乾く前にスクリューブラシ、もしくはコームでとかし、ダマになった部分を取り除きます。ブラシを回転させながらつけると、ダマになるのを防ぎます。自然な仕上がりにしたいなら1度づけ、長さ、ボリュームを強調したい場合には2〜3度重ねづけをしましょう。

4
あごを下げて上目遣いの状態で、マスカラのブラシを縦に持って、ブラシの動かし方は左右小刻みに。下まつげにマスカラをつけます。上まつげよりも軽めにつけることで、幼い印象になることを防ぎます。

5
カールが足りないところにホットビューラーを当てて、まつげを上げます。ポイント的に目尻のまつげを上げれば、アイラインを引いたように目元を自然にリフトアップすることが可能です。

6
マスカラで目元のメイクは完成。目尻を意識して塗ると切れ長に目の中央部分を上下に多く塗るとはっちりとした表情に。生まれ持った個性を生かしながら、鏡から少し離れた距離で全体のバランスを確認しましょう。

Eye Lush

日本人の目のために設計されたブラシと、ベントナイトがまつげに長さとボリュームを与え、生まれつき長くカールしているかのような仕上がりに。ラッシュ パワー マスカラ ロング ウェアリング フォーミュラ 01 ブラック オニキス ¥3,675/クリニーク

ボール状の土台に、隙間なく1本1本長さを計算して植え込まれたブラシ毛がユニーク。まつげにからみつくようなブラッシングで驚きの長さを実現します。下まつげにも便利。フェノメン・アイズ 2フェノメン ブラウン ¥4,410/パルファム ジバンシイ

日本女性のために開発された水より軽いファイバーシャイン フォーミュラにより、まつげ1本1本を長く美しくコーティング。重ねるほどに長く、上向きのまつげを演出します。ヴィルトゥーズ ドールアイ01ブラック ¥3,990/ランコム

まつげにボリュームを与え、濃厚ブラックの色素がくっきりとした眼差しを演出するマスカラ。一本一本のまつげをセパレートしながら包み込み、しなやかなカールを保ちます。ラッシュ クイーン フェリン ブラック ¥4,410/ヘレナ ルビンスタイン

ETERNAL COLOR for EYES

移り変わりゆくトレンドとは関係なく、いつの時代でもメイクボックスの中に入れておきたい永遠のカラーがブラウンカラーを中心にしたアイシャドウです。日本人の肌色、髪色の魅力を引き立てながら、美しく目元を主張できるブラウンカラーは、ウォームブラウンからクールブラウンまでさまざまなブラウンの色、質感が揃っています。グラデーションメイクの中に質感のニュアンスを加えることで、モードなテイストに。撮影の現場でも登場頻度の高い頼れる逸品ばかりです。

a

b

c

d

a
ドライ使用では繊細なパールがグラデーションを作り鮮やかな印象に、ウェットではクリーム状に変わり、強い光沢感を放つメタリックな仕上がりに。ピュア クロマティックスNo.8 ¥7,245/イヴ・サンローラン・ボーテ

b
5つの異なる質感とグラデーションカラーで自然に立体感を実現。簡単なステップで印象的な奥行きのある眼差しへと導いてくれます。サンク クルール デザイナー 708 アンバーデザイン ¥7,980/ディオール

c
単色使いから2色、3色、4色と、重ねるカラーの数でニュアンスの異なる印象的な目元を実現。メタリック効果や深み、持続性を高めたい時はウェット使用も。レ キャトル オンブル 79 スパイシーズ ¥7,245/シャネル

d
発色、光感、透明度の異なる4色がセットになったベージュのアイシャドウは、陰影を際立たせ、立体感のある目元作りのベストパートナー。スキンモデリングアイズ 01 ベージュベージュ ¥5,250/ルナソル

e
締め色としてはもちろん、目の際に塗ってアイホールに向かって伸ばせば、単色でありながらも自然なグラデーションを実現。コンパクトサイズなので携帯にも便利。スモール アイシャドウ テンプティング ¥2,415/M・A・C

f
澄んだ発色の2色アイシャドウは、思いのままのグラデーションを楽しめ、洗練された目元を演出。程良くモード感のある、洗練されたアイメイクを楽しみたい時に最適です。デュオアイシャドー 3045 ¥4,410/NARS

g
なめらかなクリームのようになじむベースをまぶた全体になじませ、影色をプラス。スモーキーアイ、グラデーションも思いのままに表現できます。トワ クルール スモーキー 481スモーキーカーキ ¥6,090/ディオール

h
日本人に多いオークル系の肌色を引き立てるように計算された、テクスチャーが異なる6色のアイシャドウのセット。繊細な表現が可能な、差をつける逸品です。エクラン スィクルール No.10 ¥11,025/ゲラン

LIPS

唇は気品とセクシャリティーを併せ持つパーツ
色と輝きをのせたら美しい言葉を紡いで
より知的に、どこまでも繊細に

Lip Line

リップラインには唇の形を自分の好みに変えるだけでなく、その後に塗るグロスや口紅のにじみを防いで発色を良くする効果、唇の縦ジワを目立たなくする効果、発色を高める効果があります。年齢と共にぼやけていく唇の輪郭を強調して、締まりのある唇を取り戻すことで若々しい印象を手に入れましょう。

1
ベースメークを終えたらあらかじめ保湿効果の高いリップコンディショナーで潤いを与えておきましょう。口紅を塗る直前だとヨレやすくなります。油分が多いタイプの場合は軽くティッシュオフをしましょう。

2
唇の輪郭がぼやけている人は唇のくすみを取るためにリップラインに明るめのハイライトのコンシーラーペンシルでリップラインに塗るベースをキレイに作っておきます。ラインは指先で軽くなじませます。

3
自分の唇の色に近いリップペンシルで、まず上唇の山の輪郭をとります。唇のラインに沿ってなだらかに、若干高めの口角から山へとラインをつなげます。

4
次に下唇も口角から中央部分の輪郭を描いて、唇全体の厚みを調整。少し唇を開けて口角の上下の際をつなげていきます。唇の形に沿ってなだらかに描きます。

5
唇全体をリップペンシルで塗りつぶしていきます。このステップで、上にのせるグロスや口紅のにじみを抑え、発色を良くします。元々の唇の色素が濃い人は必ず行いましょう。

a 保湿力に優れたクリーミーなコンシーラーは、乾燥しがちな口元や目元に最適。リップ イレイズ リップ バーム ディム ¥1,890（M・A・C表参道ヒルズ店限定発売）/M・A・C

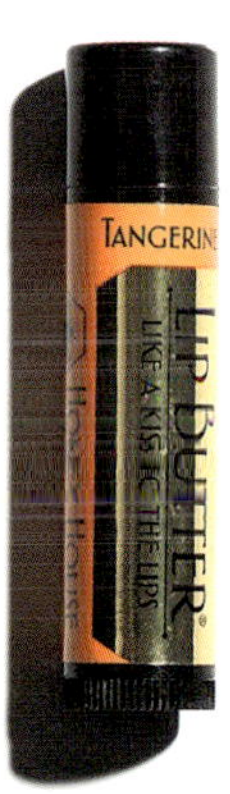

b 厳選された天然由来成分を凝縮したリップバターは唇の上でとろけるように伸び広がり、潤いを長時間キープ。ほのかな柑橘系の香り。リップバター タンジェリン（スティック）¥1,155/ハニーハウスナチュラルズ

Lip Line

柔らかな芯がなめらかに伸びて、思い描くラインを実現。ダブルエンドのブラシでラインを肌になじませることで、よりナチュラルな仕上がりを叶えます。フィトレーブル パーフェクト ヌード ¥5,565/シスレー

肌なじみのいいベージュのリップライナーに唇の輪郭を整えるコンシーラーがついた機能的なペンシル。一本で美しいリップラインが描けます。デザイニングリップライナー&コンシーラー ¥2,310/オーブ クチュール

輪郭だけでなく、唇の色を美しく整えて、リップメイクのベースをつくるリップライナー。ツヤのある自然な仕上がりなのにフィット感にも優れ、にじみません。グラム タッチ リップライナー02 ¥3,675/THREE

マットとパーリー、二つの異なる質感がセットになったペンシル。メイクによって使い分けることで洗練された女性らしい口元を演出します。リップ ペンシル デュオ 02 ¥2,625/ポール&ジョー ボーテ

Lip Gloss

口元はその人の品格があらわれると言われているパーツ。乾燥していたり、血色が悪かったりすると、せっかくの美肌も台無しに。発色やフィット感、保湿力などに優れたリップグロスを上手に使いこなして、潤いに満ちた唇を手に入れましょう。

1
ハイライト効果のあるペンシルで輪郭をなぞるように消します。唇の輪郭を美しく整えて、グロスを塗った時にボリューム感が出ます。

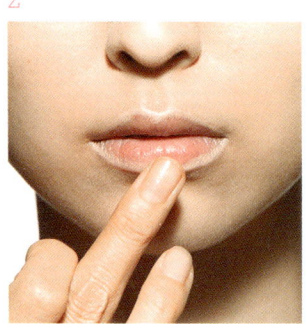

2
コンシーラーで消した輪郭を、唇の中央に向かって指でぼかし、くすみを消します。

3
リップチップ、もしくはコシのあるリップブラシで下唇の中央にグロスをのせ唇の丸みをふっくらと引き立てます。

4
ブラシで唇全体にグロスを伸ばします。特に中央部分は重ね塗りし、ツヤ感を演出します。

5
仕上げに指でそっとなじませます。ツヤ感と立体感のある唇の完成です。

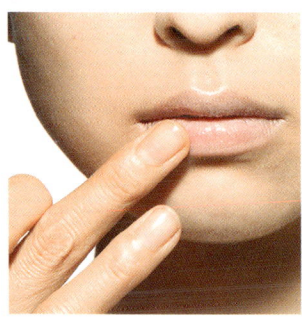

Lip Gloss

フレッシュな輝きを放つ、みずみずしいテクスチャーのグロス。肌なじみのいいベージュピンクは、口元に品とチャームを与えてくれます。クリームシーン ガラス ファッションウィム ¥2,730/M・A・C

潤い効果抜群のグロス。深いツヤをたたえた厚みのある仕上がりで、ふっくらとはじけるような唇を演出します。ディオール アディクト ウルトラ グロス236 ¥3,360/ディオール

唇に輝きと彩りを添えるセミシアーのリップグロス。ナチュラルな口元からセクシーなイメージまで多彩な仕上がりを楽しめます。ラージャーザンライフ リップグロス 1321 ¥3,150/NARS

唇にのせた瞬間、とろけるように心地良くなじむリップグロス。グロスとは思えないほど美しく発色し、キープカにも優れています。グラム タッチ リップグロス22 ¥2,940/THREE

まるで本物のゴールドのような美しい輝きのリップグロスは唇表面をなめらかにコートして、ミラーのように光を反射させます。ゴールデングロス No.54 ¥3,465/イヴ・サンローラン・ボーテ

Lip

一口にリップと言っても、グロスのようにツヤ感のあるものからマットな仕上がりのもの、シアーな色づきのものからしっかり発色するタイプまで十人十色別。アイメイクとのバランスで、さまざまな女性像を表現することができます。メイクチェンジしやすいパーツなので、肌なじみのいいベーシックカラー、そしてメイクの主役になりそうなカラーリップを携帯するのがおすすめです。

1
ベージュリップをキレイに仕上げるために欠かせないのがリップライナーです。口紅より薄く軽い色のリップペンシルで輪郭をとります。リップの持ちやベージュの発色をしっかりさせたいので少し柔らかなペンシルタイプのものが最適です。

2
リップブラシの両面に口紅をとって、上唇の山を決めます。

3
口角から山に向かって輪郭を描きます。軽く内側を塗ってから口角から上唇の山を決めブラシを少し回転させると自然なラインを描くことができます。

4
下唇も内側の中央を少し塗り、下唇の左右の口角から中央に向かってアウトラインを整えていきます。

5
ブラシの平らな面を唇に当て唇の中央の部分にムラなく丁寧に塗ります。仕上げに指でポンポンと叩き込むようになじませます。

a みずみずしい透明感に満ちた発色で、つややかな唇に仕上げるリップスティック。とろけるようなテクスチャーで唇をやさしく包み込むように軽やかにフィットします。グラムタッチ リップスティック(シアー)22 Heart Of The Morning ¥3,360/THREE

b 唇のためのハイライトとシャドウが一本になった、リップライナー。ペンシルタイプで描きやすく、唇の中央部分に光を集めることで、ふっくらとした唇に欠かせない一本に。コントラスティングWリップライナー ¥2,100/ルナソル

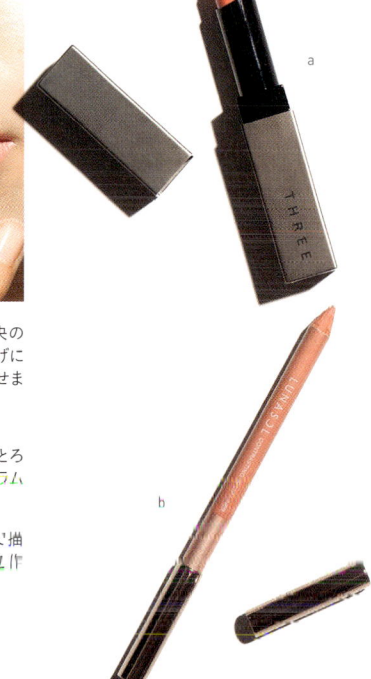

メイクをナチュラルに美しく仕上げるには、そのパーツが持っている色の延長線上にある色みを重ねることがポイント。ほんのり赤みのある唇を引き立てるベージュピンクは、使う人本来の美しさを引き立ててくれます。キュート、エレガント、セクシー、モード…と、ありとあらゆるメイクタイプにもフィットする、万能カラーでもあります。エターナルカラーに選んだ6つのリップカラーは、クリーミーな質感でつけやすく、程良いツヤ感を表現できるもの。エイジレスな口元を叶えてくれます。

ETERNAL COLOR for LIPS

a
b
c
d
e
f

a 品のある唇に仕上がるクリーミーなリップ。見たままの色がクリアに発色し、ツヤめく唇を演出します。グラム タッチ リップスティック（カラー）01 Peach Out ¥3,360/THREE

b 一塗りで唇をふっくらと潤わせ、パーフェクトなスタイリングに。モードメイクと好相性な、洗練されたピンクベージュです。ディオール アディクト リップスティック422トウキョウ ¥3,780/ディオール

c 微細なピグメントを絶妙なバランスで配合し、サテンのような光沢感を実現。TPOやシーンを選ばない、洗練された大人の口元を叶えます。ルージュ ココ 35 チンツ ¥3,780/シャネル

d 肌にとろけるようになじむ、ベージュピンク。唇にほんのり赤みが差したような、フレッシュ感をもたらします。ルージュ ピュールクチュール No.24 ¥3,885/イヴ・サンローラン・ボーテ

e セミマットな仕上がりのベージュピンクは、さまざまなタイプのメイクを引き立てる主張し過ぎない口元演出に最適。モードのエッセンスを加えてくれます。リップスティック 1001 ¥3,360/NARS

f 2種のハイブリッドピグメントの採用により、鮮やかで透明感のある発色を実現。直接塗ってもキュートな仕上がりに。ルージュ アンリミテッド CR310 ¥3,150/シュウ エムラ

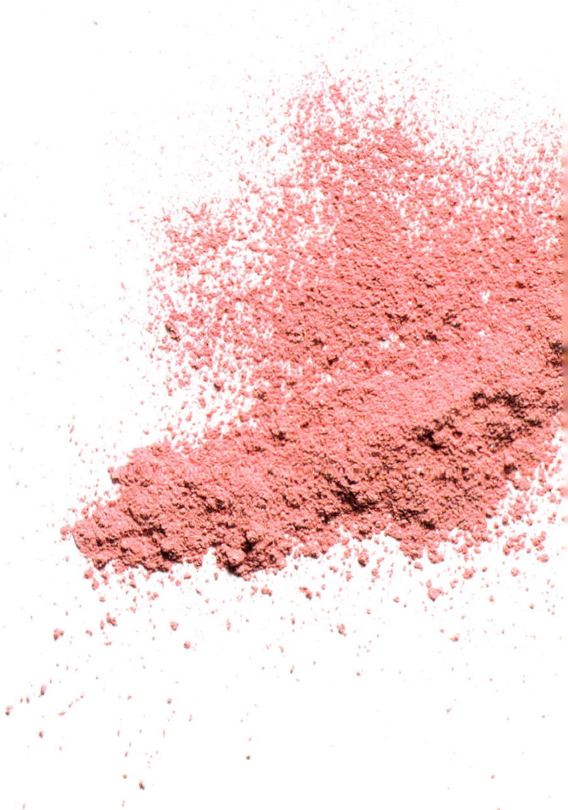

CHEEKS

メイクの基本は光と影のコントラスト
チークとシェーディングは
自分自身を浮かび上がらせるような気持ちで

Cheeks

チークは、顔に赤みを入れるものと認識されていますが、もう一つの目的があります。ファンデーションを塗って均一な色みに整った肌に、チークをプラスすることで立体感を出すのです。もちろん、肌に赤みを入れることで、血色良く、若々しく見せることもできます。色みだけではなくツヤ感、質感をコントロールして、内側から上気したような生き生きとした頬を演出しましょう。チークには表情をフレッシュに引き立てるパワーがあるんです。

1

少し口角を上げるように微笑んで、頬が一番高くなるところを確認します。上気した時に自然な赤みが差す、この部分にチークをのせるのが、一番自然に仕上がるポイントです。多くの人の場合、目尻側の黒目の端を真っすぐ下ろしたあたりになります。

2

パウダータイプのチークを先の丸い柔らかいブラシにとり、手の甲で払って量を調節します。頬の高いところに円を描くように丸くふわっとのせたら、上に向かってなじませ、髪の生え際までぼかします。ほんのり上気したようなフレッシュな印象になります。

3

下方向にもなじませてぼかしますが、小鼻の位置よりも下の部分にはのばさないようにします。位置が下になると重心が下がってしまうので注意しましょう。日常的なメイクでは頬骨をあまり強調しない方が自然です。

Cheeks

a

重ねるほどにふんわりと内側から上気したようなつややかでナチュラルな頬を演出。クリアな発色でツヤ感あふれる美しい仕上がりが持続します。ブラッシュ ブロッサム 06 リトル アネモネ ¥4,725/ジルスチュアート

b

マットとパールの二つのテクスチャーをセットしたチークパレット。単色はもちろん、2色をミックスすることで自然なグラデーションが作れます。ディオール ブラッシュ No.839 ビンテージ ピンク ¥5,775/ディオール

c

美しい発色のチークカラー。肌にふわりと溶け込み、ナチュラルでありながら生き生きとした表情を与えます。肌の透明感を引き立てる効果も。ジュ コントゥラスト 13 キャンディ ¥5,565/シャネル

High Light & Shading

ハイライト&シェーディングの目的は、チークで作った本来あるべきツヤと血色を、ファンデーションで整えた肌に溶け込ませること。ファンデーションとチークの"つなぎ"ができることで、生き生きとした生の肌感がが生まれます。ツヤと血色が溶け込んだ肌はスキントーンをより一層クリアに見せると同時に、つるんとハリのある仕上がりに。全てのメイクの仕上げとなるステップです。

1

繊細なパールの入ったシェーディングカラーを先の丸い柔らかな大きめブラシに含ませたら、フェイスラインに沿って伸ばします。フェイスラインに自然な陰影をつけることが目的なので、ファンデーションより1〜2トーン暗い、ブラウン〜ベージュ系のカラーを選択しましょう。

2

髪の生え際〜輪郭部分を外側にぼかしなじませます。頬をシャープにに引き締めぼやけがちなフェイスラインも自然な立体感が生まれます。

3

目の下、目尻の部分を囲むCゾーンに、パール感が繊細なハイライトカラーをなじませます。目元が明るくハリがアップした印象になります。

4

不自然過ぎるほどに濃い色のシェーディングを使うのは禁物。生まれ持った骨格を強調させることで、顔に自然なメリハリが生まれます。

High Light & Shading

a
肌の色合いを計算した四つのカラーで、自然にメリハリのある顔を作るフェイスカラーパレット。立体感はもちろん、肌の透明感を引き立てる効果も絶大です。フェイスカラーパレット 201 ¥5,250/イプサ

b
6色のパールボールが肌色をコントロールしながら輝かせるプレストタイプのフェイスカラー。エアリーなテクスチャーで、なめらかで上質な肌を演出します。メテオリット コンパクト 01 ¥7,140/ゲラン

c
肌にのせたとたん、パウダーがすっと消え、自然な光沢感と透明感を演出。四つの質感をブレンドすることで肌色をコントロールし、洗練された肌に仕上げます。プレストパウダー N 01 ¥4,725/RMK

d
肌なじみの良いクリーミーなテクスチャーで指で伸ばすとさらりとパウダー状に変化。ファンデーションの上から重ねてもヨレることなく、自然にカラーが溶け込みます。シマリング グロー デュオ02 ¥4,725/THREE

欠点を隠そうとするのではなく、魅力的な部分、個性的な部分を引き立たせるようなメイクをしてみませんか? 欠点にこだわるあまり魅力的な部分さえも見えなくなってしまっている場合が多いように思います。 個性を認めること、そして備え持った魅力を強調することができるのが、メイクの素晴らしい点の一つ。 自分の顔の中で好きな特徴を探して、自分という素材を最大限に生かしたメイクをしてみましょう。

chapter2
THE ADVANCED

SKINCARE ADVANCED

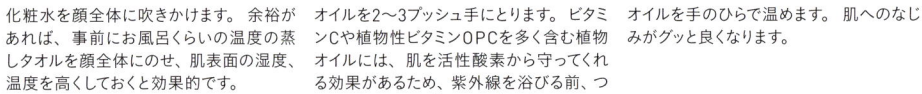

1

化粧水を顔全体に吹きかけます。余裕があれば、事前にお風呂くらいの温度の蒸しタオルを顔全体にのせ、肌表面の湿度、温度を高くしておくと効果的です。

2

オイルを2〜3プッシュ手にとります。ビタミンCや植物性ビタミンOPCを多く含む植物オイルには、肌を活性酸素から守ってくれる効果があるため、紫外線を浴びる前、つまりは朝のメイク前にも最適です。

3

オイルを手のひらで温めます。肌へのなじみがグッと良くなります。

4

頬を手のひらで覆うようにして、顔の広い部分にオイルを浸透させるような気持ちでなじませます。

5

中指と薬指の腹を使って、額の中央からこめかみに向かって圧をかけます。こめかみ周辺では、引き上げるようにして5秒ほどプッシュ。

6

人差し指をカギのようにして、目頭から目尻までゆっくり圧をかけていきます。むくみがちなまぶたもスッキリとします。

潤いを保つマカデミアナッツオイル、アルガニアスピノサ核油、クランベリー種子油、ザクロ種子油などの植物オイルを配合。さらに、肌を優しくケアするモモノ葉エキス、ビワ葉エキスなどの植物エキスは、オイル抽出をしてブレンドしています。ビューティーオイル 350mg×30粒/カグレ ホリスティックビューティー

7
小鼻の横から頬骨に沿って3ヶ所をプッシュするように圧をかけながら移動していきます。

8
あご先を中指と薬指で、やや強めに圧をかけます。ゆっくりと5秒くらいを目安に、あご先から口の周り全体に行います。

9
手のひらをグーの状態にして、耳の裏側から首の側面にかけて圧をかけながら流します。やや強めに、5〜6回を目安に上下に流しましょう。

10
首の側面から鎖骨に向かって移動しながら、リンパの流れを促します。やや強めに圧をかけます。痛気持ちいいと感じるくらいが目安です。

11
頬骨の下の部分を中央から肩先に向かってマッサージ。老廃物を流します。肌の流れがスムーズになって、顔色がワントーン明るくなるのを実感できるはずです。

美肌効果の高い最高級ダマスクローズとローズウッドが中心のアンチエイジングオイル。老化を防ぎ、若々しい張りと潤いに満ちた肌に。100%オーガニックの品質にこだわった美容オイル。セーラム トリートメント ブレンドオイル フェイス&ボディ 15mL ¥9,450／アーユス

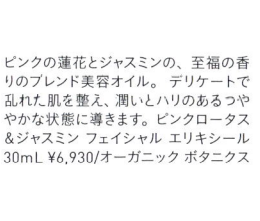

ピンクの蓮花とジャスミンの、至福の香りのブレンド美容オイル。デリケートで乱れた肌を整え、潤いとハリのあるつややかな状態に導きます。ピンクロータス&ジャスミン フェイシャル エリキシール 30mL ¥6,930/オーガニック ボタニクス

香り高い五つのエッセンシャルオイル配合の栄養補給効果の高いフェイスオイル。肌の免疫力を高め、フリーラジカルを抑制。エイジングケア、ダメージ肌の回復にも効果的。メイクの下地としてもおすすめです。ヨンカ セラム 15mL ¥7,980/ヨンカ

LESS IS MORE

最小限のアイテムで仕上げるメイクは、フレッシュな印象を表現するのに最適。ワントーンで仕上げるので失敗なく、洗練されたムードに仕上がります。忙しい朝の時短メイクやトラベルシーンにもおすすめです。

指にチークをつけて、頬の一番高い位置を中心に周りにぼかし込んでいく。

まぶたのアイホール全体にもぼかしていく。指でラフにつけていくのがポイント。目を開けた時に瞳の中央が丸くなるように。

そのままでもツヤ感があっていいのですが、上からパウダーをフワっとかけるとアイメイクがヨレにくくなります。アイラインは引かず、あえてマスカラだけのバランスの方がよりフレッシュな印象です。

唇にも指でラフにつける。中央の唇から外側に向かってなじませるようにぼかしていく。

ワンストロークで自然な血色とツヤを作り出す、リップスティック型のマルチカラー。軽いタッチでするすると伸び、ツヤのあるさらっとした仕上がり。ポーチに入れておくと便利な一品。チークスティック03 アフリカン サンセット ¥2,940/アディクション

IMPRESSIVE
COLORLESS

スキントーンで仕上げるカラーレスメイクは、立体感、ツヤ感がポイント。ヘルシーな感じを漂わせてこそ、魅力的です。リップに色味を加えるだけで、カラーレスメイクの本質的な部分を損なうことなく印象をグッと変えることができるので、このメイクを基本にアレンジを楽しんでみてください。

ベージュ系のカラーで目元に陰影をつける。目頭、目尻の影は、マットなブラウンで仕込む。

a 質感の異なるベージュとグレーのアイシャドウがセットされたパレットは、カラーレスメイクに華やかさをプラスするのに最適な逸品。濃い色を使わずとも、印象的な目元が作れます。サンク クルール 734 グレージュ ¥7,980/ディオール

まぶたにハイライト効果のあるジェルタイプのアイシャドウを重ねて、立体感を出す。ごく細くアイラインを入れるとクールな印象に。

b 光沢を放つジェル状のアイシャドウは指で伸ばせば、まぶたに溶け込むように一体化。ほんの少し重ねるだけで、目元をドラマティックな印象に。イリュージョン ドンブル 82 エメルヴェイエ ¥3,885/シャネル

c カートリッジタイプのアイライナーは細かい部分も思いのままに描けるので、強さと同時に繊細なニュアンスも表現可能。インテンス ファイン アイライナ 04 ¥3,360/THREE

チークは少し血色を帯びたような、肌になじむベージュをセレクト。フェイスラインにも、通常より若干濃いめにシェーディングを仕込む。

d イエローベースの日本人の肌色に合うベージュ系ピンクのリップは、普段の撮影でも登場回数が多い逸品。主張し過ぎない程良い発色で、口元に品が生まれます。リップスティック ピーチストック ¥2,940/M・A・C

e パールが入っていない、影のように自然になじむシェーディングカラーは、フェイスラインを引き締めてくれます。シェーディングチークス 01 ナチュラルベージュ ¥5,250/ルナソル

口元はリップコンディショナーや透明のグロスで仕上げてもいいですが、リップをプラスする場合にはハイライト効果のあるリップライナーを選んで、上唇の山の部分に光を集めます。

INTENTIONAL
PINK

ピンクのメイクは「はれぼったくなる」「コンサバな印象になりがち」と敬遠されがち。でも影色にブラウンを仕込むことで、ただ可愛らしいだけではないキートなピンクメイクが作れます。ブルー、グリーンなど他の淡いカラーでも応用可能。甘さの中に強さを感じさせるカラーメイクを楽しみましょう。

ピンクのアイシャドウを塗る前に、
ブラウンを影色に仕込む。

a 左下のブラウンをベースカラーに、左上のピンクを上に重ねて使用。カラーが溶け込むようになじみながらも、主張する目元に。4Dアイ パレット03 ¥6,300/THREE

肌より2トーンくらい濃いベージュのブロンザーとピンクのチークを重ねて入れる。

b 上品な輝きを放つブロンジングパウダーは、引き締め効果はもちろん、健康的に見せてくれる効果が絶大。カラーレスメイクをリヴァイタライズするのに欠かせません。ブロンズパウダー 5101 ¥4,200/NARS

c にごりのないピンクは直球の可愛らしさ。単品使いよりもベージュ系のチークやブロンザーと組み合わせることで、その個性がさらに引き立ちます。パウダー ブラッシュ ラノクラウド ¥3,150/M・A・C

ベージュ系のピンクをリップブラシにとって唇全体に塗る。

d クレヨンタイプのリップは輪郭を描きながら塗ることができるので本当に便利。ピンク、オレンジ、ベージュがミックスしたようなこのカラーは、さまざまなメイクにマッチします。ベルベットマットリップペンシル 2470 ¥3,150/NARS

中央部分にのみ赤みのあるグロスを重ねると、フレッシュな印象がプラスされます。モード感を高めたい時には、マットなリップで仕上げても。

UNFORGETTABLE EYES

ダークなカラーで目を囲むようなインパクトアイはい一目瞭然…
はモード感が強くなり過ぎるので日行…「派手っぽいかも…
なわりにけ？」と思われるかもしれませんが…、絶妙な曲線
びさえ間違えなければ大丈夫。アイラインキャラメルにどぎつい
と仕上げて、色みを抑えた口元でバランスをとりましょう。

アイブロウを元々の色よりも若干明るめのダークブラウンに整え、強い目元を引き立てる名サポーターに。

a

グリーンのアイラインを目の際とアイホールの凹みラインを中心にのせ、アイホール全体を塗りつぶす。

a シマー感のある輝きを放つアイライナー。深みのあるグリーンは、日本人の目元と好相性。パールグライド インテンス アイ ライナー アンダーカレント ¥2,310/M・A・C

アイラインをベースに作るインパクトアイは、アイシャドウをベースに仕上げるよりも目元が引き締まって、簡単にモード感が演出できます。目を開いた時に強く主張できるよう、グラデーションをつけることなく、アイホール全体をしっかり塗りつぶしてください。

アイラインで塗りつぶしたアイホールの上にダークシャドウをのせる。アイラインのグリーンがつなぎとなり、黒のアイシャドウも日常に取り入れやすいモードに昇華。

b 質感の異なる二つのブラックアイシャドウとグレーのベースカラーがセットに。トワ クルール スモーキー 091 スモーキーブラック ¥6,090/ディオール

下まぶたは目頭から黒目の下くらいまでハイライト効果のあるアイシャドウをオン。目尻から1/3くらいにダークシャドウを入れる。

b

INSISTENCE LIP

カラーリップはメイク効果が高い分、色や質感のチョイスで印象が驚くほど変わります。カラーリップを日常に取り入れやすいムードにするには、マットでもツヤでもない少ししっとりした質感のものがおすすめです。何気なく指で塗ったかめような計算されたラフ感を出せば、カジュアルなファッションにもフォーマルなファッションにも合う、一点主義メイクの完成です。

口元にポイントを置いたメイクの要はフレッシュ感を残すこと。モードに仕上げるならグロスをのせて唇にツヤ感を出すという手法ではなく、他のパーツで調整がおすすめ。太めのアイブロウは瞬時に若々しさを演出してくれます。

アイブロウは、いつもより若干太めのブラウンに整える。

アイメイクは色味を抑えて、質感を重視。目元にほんのり輝きをのせるようなつもりで、ハイライト効果のあるアイシャドウを指でなじませる。

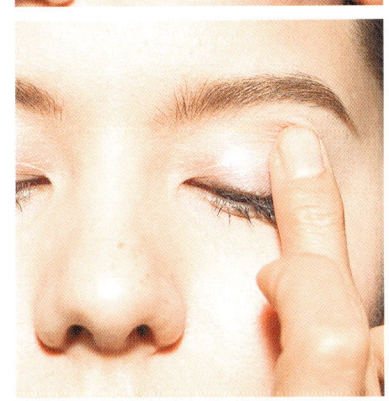

カラーリップはきっちり輪郭を塗り過ぎると老けた印象になるので上唇の山だけをきっちり描きます。そして唇の内側の部分は一番取れやすい部分。この部分をリップペンシルでリップラインに向かって塗りつぶし、その上から自分に合ったカラーリップを。内側に色を重ねることで唇の内側の部分が取れにくくなります。指でぼかしラフな抜け感のある仕上がりに。

リップペンシルで唇の内側を塗りつぶします。上唇の山だけラインを描き、輪郭をきっちり描かずにカラーリップを上唇に塗ったら、指で内側から輪郭までぼかすようになじませる。

a 軽やかな色づきでスルスルとなめらかに描けるソフトな使い心地のリップライナーは、唇のベースカラーとして唇を塗りつぶしておくのに便利。アクアリップ 17C ¥2,205／メイクアップフォーエバー

b マットな質感でありながらオレンジがかったカラーリップはヘルシーな印象を実現。リップスティック モランジ ¥2,940／M・A・C

FLAWLESS
AGELESS

シミやシワ、くすみといった年齢による肌の悩みをファンデーションで解消しようと思うと、どうしても厚塗りになって、老けた印象を与えてしまうもの。年齢を問わず、ファンデーションは"限りなく薄く透明感のある肌"が鉄則。気になる悩みはファンデーション前にコンシーラーを仕込んで解消しましょう。また、加齢で、目元や唇のラインもぼやけてくるものなので、輪郭をとるステップも大切です。

目元専用のアイシャドウベースを伸ばして、まぶたにハリと明るさを与えてくすみを取り除く。

a アイシャドウの発色と持ちをアップさせるまぶた用ベースは、大人のアイメイクにはマスト。アイリッドベース（N）02 ライト ¥2,940/ルナソル

ボリュームアップ効果のマスカラを、まつげの生え際に押し当てるようにして重点的につける。目尻には重ね塗りを。

b 短い、少ない、下向き。そんな日本女性のまつげを研究し開発されたブラシが、まつげをしっかりとらえて、根元からボリュームを実現。マスカラ ディオール ショウ ニュールック ¥4,305/ディオール

口角が上がったように見せるため、ハイライト効果のあるコンシーラーで法令線をなぞる。法令線を目立たなくし、口角のくすみを消してくれる。

c リキッドならではの透明感と、コンシーラーに欠かせないフィット感でナチュラルにカバー。スーパーベーシック リキッドコンシーラー 02 ¥3,675/RMK

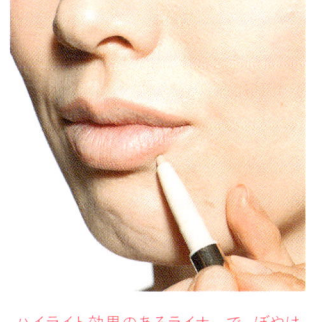

同じくハイライト効果のあるコンシーラーで上唇のリップラインにも光を差し込む。輪郭のエッジを立てて、曖昧になりがちな唇をふっくらと見せてくれる。

ハイライト効果のあるライナーで、ぼやけがちな下唇の輪郭を描く。口角は若干上げ気味に。

d ハイライトベージュのリップライナーは、口角を自然にリフトアップさせるのに最適。シュゼル リップライナー BE ¥2,940/ポーラ

上唇のアウトラインを若干オーバー気味に、ふっくらと描く。

e マットな質感の肌になじみのいいピンクベージュのライナーは、上にのせる色を選ばない優れもの。リップライナー 15 ピンクベージュ ¥1,890/ＲＭＫ

f ローズ系のリップは、肌のトーンをアップさせてくれる効果が絶大。ルージュ ココ 37 ローズ ドンテル ¥3,780/シャネル

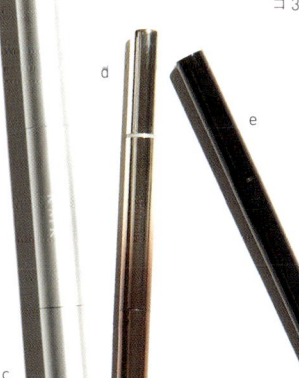

POSITIVE
CORAL

ヘルシーとセクシーを併せ持つコーラルは、大人の女性にこそ似合うカラー。肌の透明感を引き出してくれる効果もあるので、血管の広いチークで使用することがおすすめです。生まれ持った骨格を活かすように斜め上向きに入れれば、自然なシェーディング効果も得られます。

目元をリフトアップさせたいからといって、無闇にはね上げるのは禁物。自然なリフトアップを目指すのであれば目尻の位置より高い部分に向かってスッと外にぼかすように入れるのが効果的です。目を開けて終点の位置を確認して、綿棒やブラシでぼかすのを忘れずに。

アイラインを目尻に若干太めに入れて目元を締め、下がってきたまぶたをリフトアップさせる。

a なめらかに伸び、鮮やかな発色を実現するアイライナー強さと同時に繊細なニュアンスも表現。インテンス ファイン アイライナー 04 ¥3,360/THREE

b 目の下のくすみをコンシーラーで消したら、ブライトニング効果のあるパウダーをオン。目元だけワントーン明るくすることで、自然なメリハリを作ります。シークレットブライトニングパウダー 2 ¥3,150/ローラ メルシエ

コーラル系のチークを、頬の一番高い部分からこめかみに向かってふわっと卵形に入れる。

c 肌のくすみを取り除くコーラル系のチークと、光を添えるハイライトカラーを肌の上でブレンドさせて、頬をナチュラルにリフトアップ。バランシング チークス 03 ¥6,825/SUQQU

唇ににごりのないコーラルピンクをセレクト。リップラインをしっかり描き、足りない部分は足す。チークとリップの色を合わせて血色をプラスし、ナチュラルで透明感のある表情を仕上げます。

079

TIPS for USUAL MAKE UP

下測の事態がつきものの撮影の現場では、臨機応変な対応力が求められるもの。経験を重ねることで、自分なりのテクニックが生まれました。どんな撮影でも登場するパレットは、色や質感の異なるファンデーションやコンシーラーを使って自分用にカスタマイズしたもの。一緒に難題をくぐり抜けてきたパートナーのような存在です。

ファンデーションが
明る過ぎたら

日焼けなどで今までのファンデーションの色味が合わなくなってしまったなら、ブロンジングパウダーをプラスして深みのある色に変化することができます。

メイク感を出さずに
肌をキレイに見せたい

ティンティッドタイプのファンデーションさえ重く感じるという場合には、手持ちの乳液にミネラルパウダーを混ぜて肌に伸ばしてみてください。カバー力はパウダーの量によって調整できます。リゾート地でのメイクにもおすすめです。

メイクのヨレを直すには

乳液を綿棒に含ませて、ヨレた部分のメイクを一度オフしてからリタッチするとキレイに仕上がります。小鼻のヨレなどは軽いタイプのコンシーラーで直すと自然に。指でトントンと叩き込みなじませ、上からパウダーファンデーションでフィットさせます。

午後になると
目の周りがくすんでしまう

まばたきなど、動きの多い目の周りはメイクがヨレやすく、そしてくすみやすい部分。アイクリームを含ませた綿棒でメイクを一度オフしてから、ワントーン明るめのパウダーファンデーションで押さえるとくすみも消え、フレッシュな印象もよみがえります。

ファンデーションで
法令線が目立ってしまう

カバー力のあるものは、どうしても法令線にたよりやすいんです。ファンデーションを使わずスポンジだけでなじませるだけでも大分目立たなくなりますが、余裕があるようであれば肌の凹凸をなめらかにカバーしてくれる下地を薄く塗り、上から透明感のある軽いタイプのパウダーファンデーションでなじませるのがおすすめです。

簡単に透明感を
アップさせたい

リキッドファンデーションを塗った後、湿らせたスポンジで顔になじませていくと、さらに密着感がアップして、透明感のあるナチュラルな肌が手に入れられます。

顔の汗が止まらない時には

首の後ろに冷えピタや保冷剤を当てたり、舞子さんがよく使う細い汗止めバンドで、脇の下と胸を締めます。時代劇の少女優さんは、帯をちょうどその位置で締めるためだ…と言われています。

手は何よりも優秀なツール

肌の感触を確かめる、ファンデーションをなじませる、アイシャドウ、アイラインをぼかす、リップをなじませるなど、この本の中にもたびたび登場する手は何よりも優秀なツール。手や指ならではの繊細な動きをフルに活用しましょう。

TIPS FOR USUAL MAKE UP

メイクのイメージを膨らませるため、そしてカメラマンやスタイリストといった他のスタッフとイメージを共有するためにも、ビューティの撮影の前にラフデッサンを描いたり、日常の風景の中からインスパイアされたものをデジカメで撮ってイメージ画像をコラージュすることもあります。実際にモデルとお打ち合わせをするときに絵があれば早く伝わるのも良いのですが、頭頭の中のイメージを描き出してみることは再発見も多い、重要なステップだと思っています。

眉毛の生え方に癖がある

アイブロウをとかしてもキレイに揃わない時、または、アイブロウを少し元気な印象に仕上げたい時には、スクリューブラシにヘアスプレーをつけてから眉をとかすと上昇気味なフレッシュな印象の眉が一日中キープできます。

アイシャドウの
粉落ちを防ぐには

ダークなアイメイクをする時にアイシャドウが落ちて目の周りが黒くなってしまう人はアイメイクをする前に透明感のあるパウダーを目の下にのせておくとアイシャドウが落ちても大丈夫です。

ビューラーで
カールが上がりにくい

ドライヤーの熱でビューラーを温めておくとカールが上がりやすくなり持ちも良くなります。ビューラーを熱すぎないように注意、加減しながら温めてください。

チークが浮くように感じる

2色を重ねることが解消できます。オレンジ×ピンク、ピンク×コーラルなどその組み合わせは自由。実際に撮影の現場でも、ベージュ以外のチークはほぼ2色使いが主流です。

チークを忘れてしまった

色素沈着の少ないリップであれば、外出先でチークとして使うことも可能です。実際に撮影の現場でも、チークカラーを足したいと思った時にあえてリップカラーをクリームチークの代わりに使うこともあります。パウダータイプのチークよりも持ちはいいです。

唇の皮がむけてしまったら

リップクリームでしっかり保湿したあと、お湯につけた綿棒で優しく拭き取れば、唇がツルツルになります。

リップの色持ちを良くするには

リップを塗ったあと、一度軽くティッシュオフしてからパウダーをのせてみてください。リップの質感が変わらないくらい、ふんわりと薄くのせるのがポイントです。

鮮やかな赤いリップが
似合わない

赤リップに抵抗のある人も赤リップをつけた後、何度かティッシュオフをして輪郭を指でポンポンなじませるととても自然なフレッシュな赤みが唇に生まれます。

for SHADING

メイクの仕上げともいえるシェーディングに用いるものは、大きめのもので、柔らかい天然素材の毛が使用されたブラシがベストです。パウダーをつけるときには、灰リス、ヤギ、ポニー、馬の毛でできた、ソフトな肌あたりの自然素材のブラシだと自然な感じに仕上げることができます。

for CONSEALER

コンシーラーには小さめからミディアム程度の大きさで、先が次第に細くなっているものを使います。適度なコシのある毛でコントロールしやすく、的確にコンシーラーを肌につけられる科学素材の剛毛が向いています。

MY ESSENTIAL BRUSHES

Q ブラシを選ぶポイントは？

付けたい幅と、ほぼ同じ幅のブラシを選ぶであること、希望の粒子サイズに適量削ってくれる毛質であること、粉含みの良いブラシであることの3点。メイクをよりナチュラルに仕上げるためのポイントでもあります。

for POWDER & FOUNDATION

撮影の現場では、リキッドもパウダーもクリーム、ファンデーションはブラシでつけます。ファンデーションの"伸びの良さ"を最大限に引き出し、ムラなくスムーズにつけることでナチュラルな仕上がりに。しっかりメイクまでコントロールがしやすく美しい仕上がりを簡単に実現することができます。

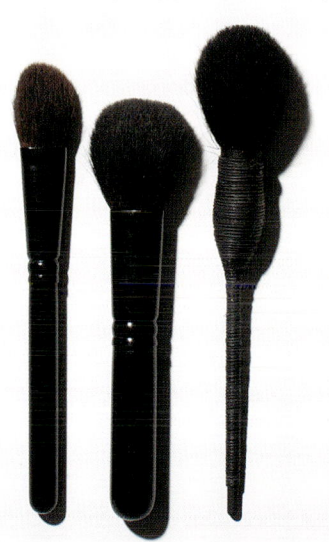

for CHEEKS

チークには肌当たりのソフトな、大きめの丸いブラシを使います。一度に広範囲にパウダーをのせることができるので、ブラシの跡を残さず、ふわっと仕上がります。頬の高い部分にのせるハイライトには一回り小さい細かい部分までのせられる少しフラットなものを使用します。

for EYE SAHDOW

アイシャドウを美しく発色させるには、まぶたの半分をカバーできるくらい幅のブラシがおすすめです。円錐型の尖った形をしているタイプは、締め色を使ってきれいにグラデーションを出すことができるのので、目尻側にを囲むのような感じで締め色を入れる時に使います。繊細な目のまわりはデリケートなのでやさしい肌触りのものを。

for EYE LINE

まぶたの際に締め色をアイラインのように引いたり、目の下に細くアイシャドウをのせる際には、ごく細い毛先を持つブラシを用いります。シャープなラインを描くことができます。

メイクの効果を十分に引き出すには、メイクそのものだけでなく、使う道具も大切です。メイクブラシはその代表格。どんなにミニマムに押えても、撮影時には常時40本くらいのブラシが入っています。長いものだと20年以上使っているブラシもあり、愛着もわいています。大切なブラシは撮影が終わったら、色残りをティッシュなどで拭き取り、汚れがあるものはメイクブラシ専用の洗剤やクレンジングで洗って、完全に乾くまで、平らなところに置いて乾かします。衛生面ではもちろん、ちゃんとお手入れすることで長く使うことができ、ブラシも使い心地の良さもキープできるんです。

for EYEBROW

アイブロウを仕上げるには眉毛の流れを整えるスクリューブラシ、パウダーをのせる細いブラシ、そして余分なパウダーを払ってぼかし色味を押えるアイブロウブラシの3本を使います。この3本を使いこなしてこそ、ナチュラルな眉が表現できます。

for LIP

リップブラシを選ぶ際は、柔らかいながらも、コシのあるタイプのものを選びましょう。素材は、天然毛で太く描ける平筆タイプの方が、輪郭が簡単にかけるし輪郭の中も塗りやすいです。にじみのない上品な口元が表現するためにも、リップブラシはマストです。

厚みのあるマックス ファクターのスポンジは、ファンデーションを塗った後になじませ、不要な油分を取り除くのに最適。

長年使っていても先端のかみ合わせが歪まないステンレススチール製の毛抜きは日本のメーカー、グリーンベルのもの。細くて短い毛もしっかりキャッチして、軽いタッチで抜くことができます。

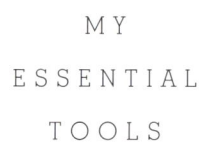

MY ESSENTIAL TOOLS

ピンポイントで働くメイクツールはこだわりのある厳選したものを浮気することなく長年愛用。いずれも思い入れがあるものばかりです。

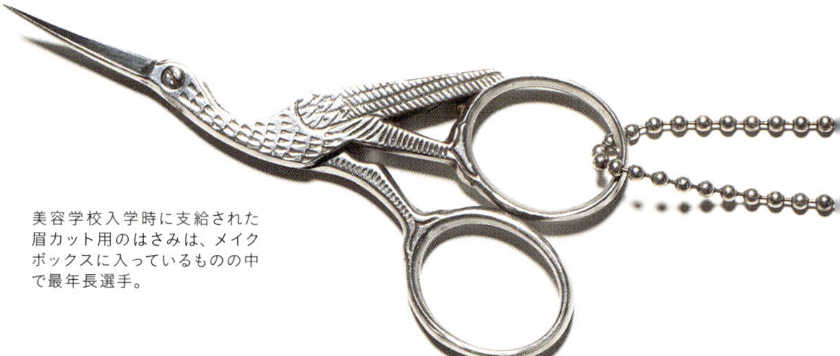

美容学校入学時に支給された眉カット用のはさみは、メイクボックスに入っているものの中で最年長選手。

長めの毛足で柔らかな感触の資生堂のパフは、メイク中、右手の小指にかけてモデルさんの肌に自分の手が当たらないようにするために使用。

アンブリオリスの保湿クリーム、フィラデルムは小分けにして携帯。色々試した結果、綿棒に含ませてメイクを落とすのにベストなテクスチャーです。

電動のエチケットカッターは、顔の産毛剃りや眉毛の下の産毛を剃るのに活躍。

コットンはサイズ感と厚みのちょうどいいカネボウ化粧品のものを愛用。ジョンソン・エンド・ジョンソンの綿棒はメイクチェンジする際、乳液を含ませてメイクを落とします。

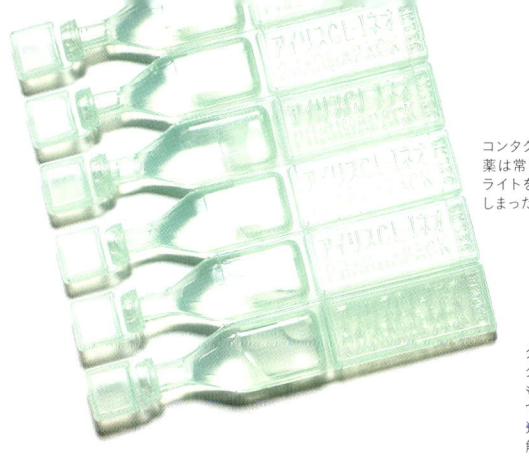

コンタクトをしていても使える目薬は常に携帯。撮影時に強いライトを浴びて目が赤くなってしまったモデルさんに使います。

タオルは国産のオーガニックコットンのものを。以前のものは洗うとすぐに固くなってしまう印象でしたが、最近のものはふかふかした感触が続くのがいいですね。

パナソニックがヘレナ ルビンスタインとコラボしたホットビューラー。アイメイクの仕上げにプラスすると、カールの持ちが違います。

ジルスチュアートのこの鏡は手頃な大きさと白雪姫的デザインの可愛さから。鏡を使うのはモデルさんですから(笑)

シュウ ウエムラのラッシュ アプリケーターはつけまつげを簡単につける際のマストアイテム。シュウ ウエムラは、こういったツールが充実しているのがさすがですね。

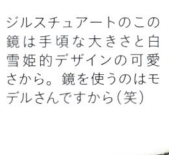

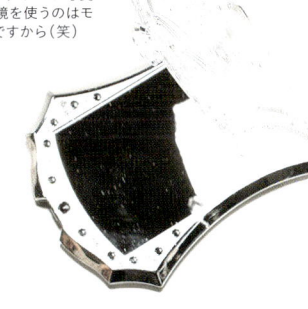

メイクバックはロケの時に素早くバッと開ける点や、素材、大きさ等も使いやすさで選んだ山田が愛用。

オーガニックコスメメーカー、バジャーのバームは、撮影で"濡れたようなつややかな肌を作る場合に、顔全体に薄く伸ばして使用。ファンデーションは使わず、コンシーラーとセットで完成させます。

MODE
PLUS

ベーシックなメイクのルールを学んだら、覚えたいのがモード感のあるメイクの取り入れ方。一つのアイテムをプラスするだけで、いつものメイクをグッと洗練された印象に昇華させるテクニックをご紹介します。

HEALTHY CONSCIOUS

☐ チークは一色で主張させるのではなく、重ねづけで発色に深みを。
☐ 目元の色味を抑えている分、少し太めの眉でフレッシュ感をプラス。
☐ ベースはとことん薄くして素肌っぽさを重視。

元気いっぱいの、まるで太陽のような笑顔が似合いそうなメイクは、バカンスシーンをイメージしたもの。ポイントは、南国のフルーツのようにフレッシュなチークカラー。強い光にも映えるピンク〜オレンジ〜ブロンズの3色のチークカラーを使用しました。頬の高い部分にだけでなく、こめかみや額、あご先にもチークを入れることで、メイク全体に統一感が生まれています。余分なパウダーを必ず手の甲で払い落としてから、バランスを見ながら少しづつ入れてくのがポイントです。あえて目元は色をのせないで、マスカラのみで仕上げる方がフレッシュ感がアップ。日焼け止め＋パウダーで仕上げたくらいの"隙"のある肌を、グッとチャーミングに見せてくれます。

01 陶器のようななめらかな肌を演出してくれるシェーディングカラーは、日焼け風メイクにも。ミネラフイス スキンフィニッシュ ナチュラル ミディアム ダーク ¥3,990/M・A・C　02 にごりのないヴィヴィッドなピンクは、表情を生き生きと輝かせる効果が。ブラッシュ アプリコット ¥3,780/ボビイ ブラウン　03 肌なじみのいい淡いピンクのチークは、単色はもちろん、他のチークとの重ねづけにも相性が抜群。シアトーンブラッシュ ピーチ ¥3,150/M・A・C

for vacation make

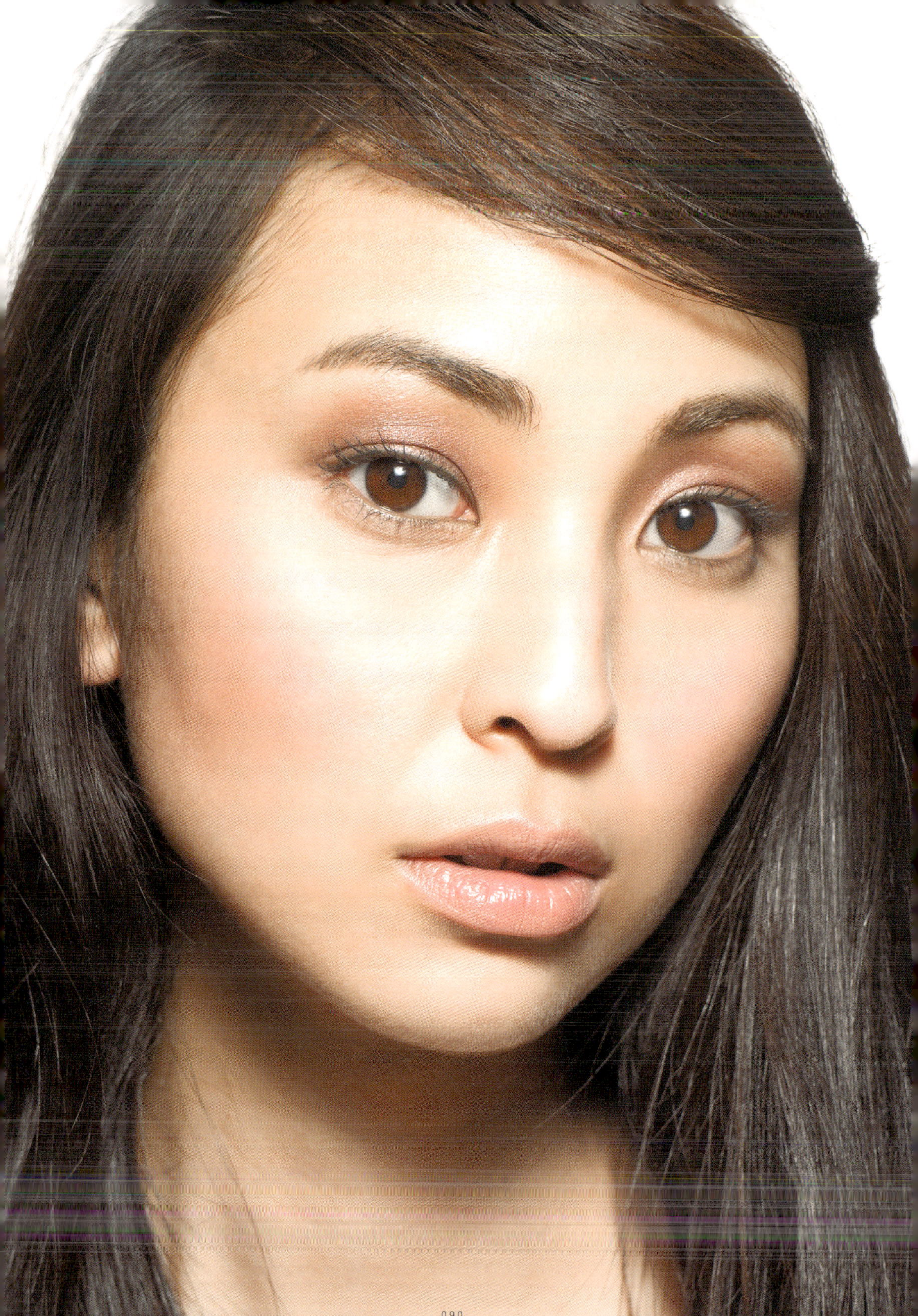

AM TO PM

- キラキラさせる時は、繊細なパールが入ったものを選んで上品かつエッジィに。
- ベースはセミマットスキンが好相性。質感のコントラストで魅せます。
- 目元で主張する分、口元は色味を抑えてメイクの"引き算"を。

クールな印象の切れ長のアーモンドアイを生かしたメイクは、アフター5をイメージしたもの。細かいラメの入ったジェル状のアイシャドウをアイホールに指でグラデーションに広範囲に伸ばすことで、暗めのライティングにも映える、エッジィでありながら品のある目元が完成します。アイブロウはスタンダードなスタイルを合わせましたが、眉マスカラでトーンアップさせて存在感を薄くすれば、よりモード感を出すことも可能です。指でなじませるだけで完成する手軽さなので、仕事が終わってプライベートタイムに気分をチェンジする時にもおすすめ。メイクが気持ちにもたらす作用がわかりやすく体感できると思います。

肌に溶け込むようになじむジェル状のアイシャドウ。きらめきも上品。指で取り薬指側面に付けてくれれば、サッとワンタッチでアプリ。
86 エブルイ ¥3,885/シャネル

for after five make

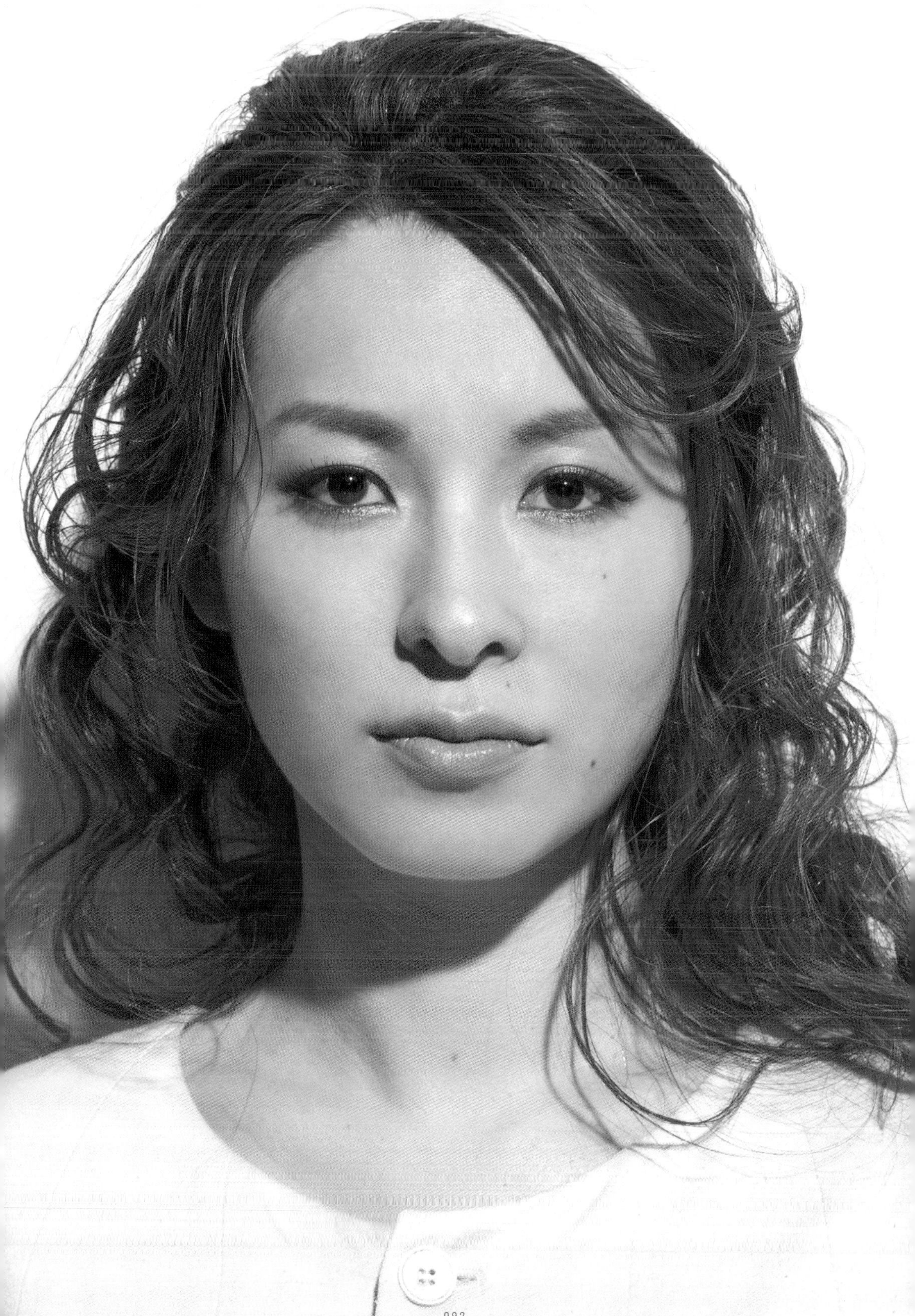

BITTER SWEET

- カーキを引き立てるためにも、ブラックの"強さ"には頼らないメイクを。
- 下まつげを強調し過ぎると子どもっぽくなるので、ブラウンタイプを選んで若干控えめに。
- チークは肌なじみのいいベージュで仕上げて、肌の透明感を強調。

フェミニンなテイストの中にモード感をプラスしたい時には、カーキをポイントカラーにしたメイクがおすすめ。コンサバにもモードにも寄り過ぎないカーキメイクにはオフィスでも使える懐の深さがあります。カーキのアイシャドウをアイホール全体になじませたら同じカーキのアイラインをはね上げ気味に描いて、インサイドにもプラス。マスカラで仕上げてもOKですが、より目元を強調すべく、つけまつげを重ねました。大人のつけまつげは、その存在を感じさせないくらい自然な仕上がりがマストなので、自分の目の幅、目の大きさに合わせてカットして、徹底的に"自分用"に仕上げます。どんなヴィジュアルなファッションと合わせてもフェミニンなムードが引き立つメイクです。

for office make

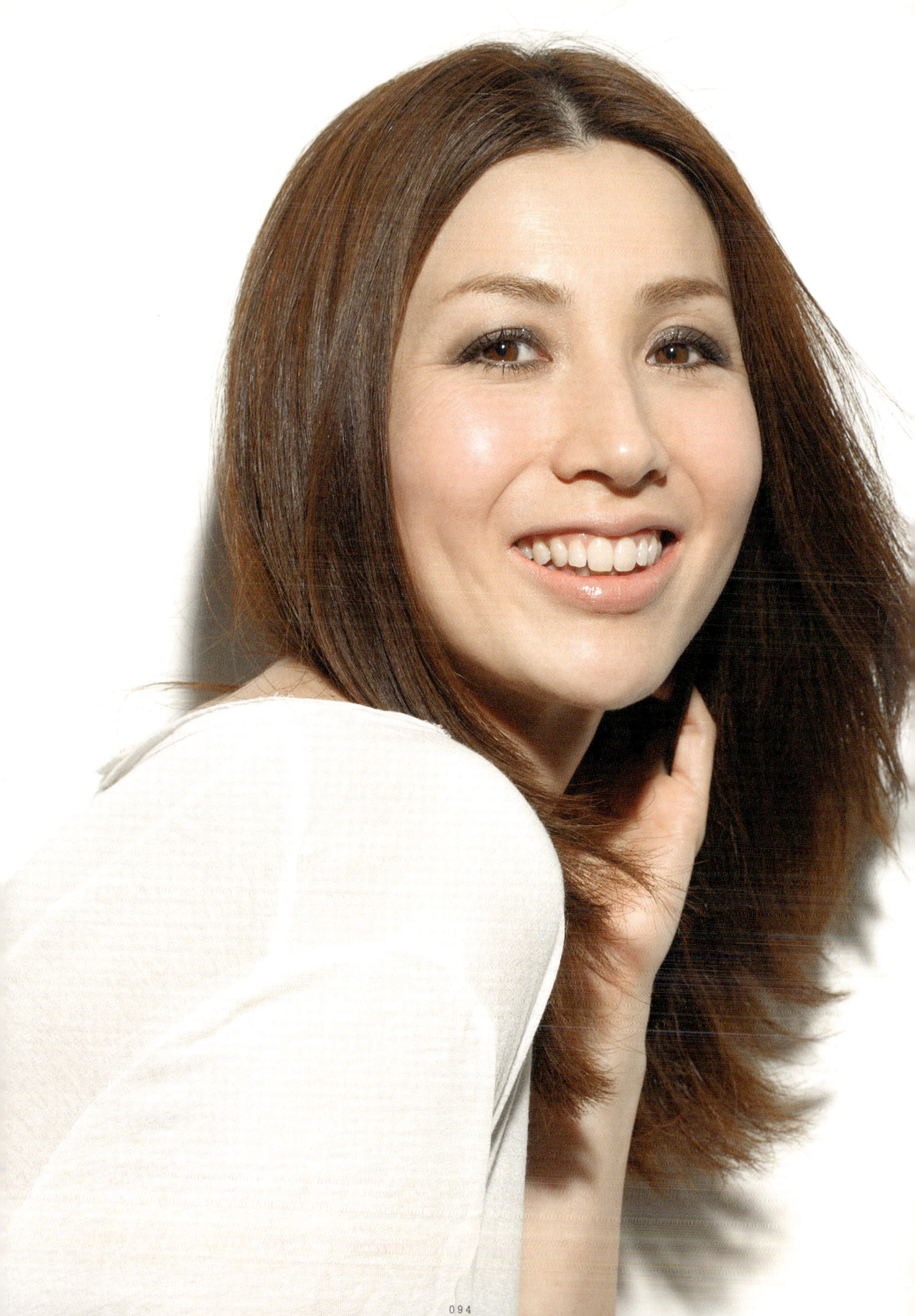

HARMONY FINE

- バランスメイクの要は色ではなく質感で魅せること。発色よりも程良いツヤ感重視でヘルシーに。
- パーツを主張させない分、ベースはいつもより丁寧に仕上げて上質感のある肌に。
- 眉は全体のメイクバランスを中和させるようにトーンアップを。

メイクが垢抜けるか垢抜けないかを決定づけるのはアイメイクとリップメイク、チークといった全体のメイクバランスによるもの。一つのパーツを主張するのではなく、全体のバランスで魅せるメイクは、大人の女性にこそぜひトライして欲しいと思っています。専用マスカラで眉をトーンアップさせたら、目元にはツヤ感のあるシャドウを二重の幅の部分にだけキラリと見えるような感じでプラス。口元にも肌の延長線上にあるようなベージュピンクをのせることで、頑張り過ぎていない、大人ならではの余裕が感じられるメイクが仕上がります。清潔感の中にも華やかさがあるので、パーティにもぴったり。シンプルなスタイルをモードに格上げしてくれるメイクです。

01 濡れたようなツヤが印象的で、つけ心地はさらりとした軽い感触。ラッカーのようにぴんと張った光沢が持続するリキッドタイプのアイシャドウ。アディクション ザ アイシャドウ リキッド ラッカー WP Swimming Pool ¥2,625/アディクション　02 眉毛の流れをふんわり整えながら、自然にトーンアップ。ヤマヒサ カラーリング アイブロウ ¥2,625/イノウヱ

for party make

095

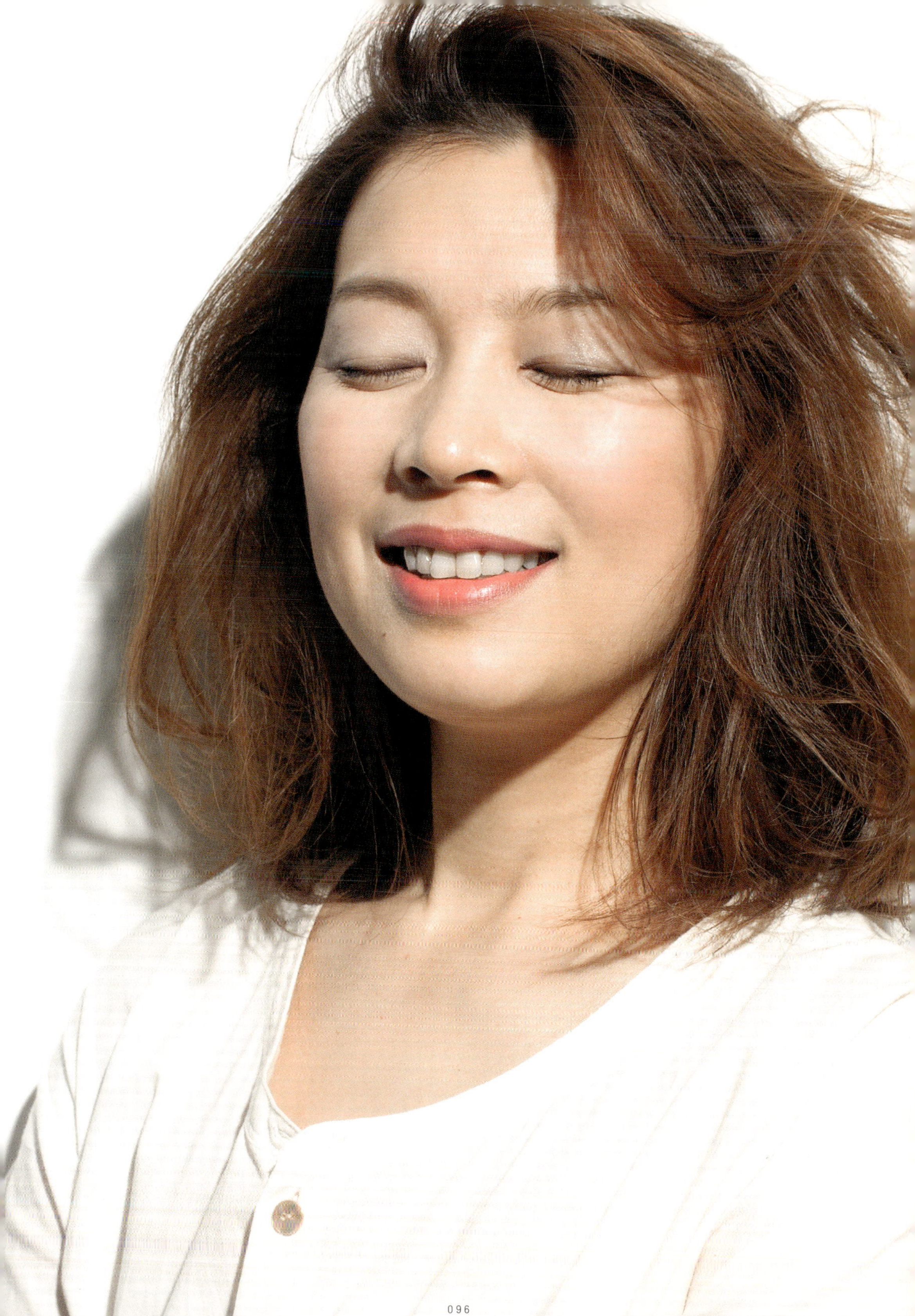

INNOCENT PURITY

- ☐ 口元以外のパーツは質感重視で主張は控えめに。
- ☐ 負担をかけないミネラルコスメで、肌に休息を。
- ☐ グロスは唇の中央に塗ると光の立体感が生まれ、カラーリップも軽やかな印象に。

カラーリップはさまざまな楽しみ方ができるアイテムですが、内側からステインされたように指でラフにぼかした上にグロスを重ねて透明感を出せば、カジュアルに楽しむことができます。アイメイクは軽めのテクスチャーで明るいカラーのアイシャドウを使用。ヘアカラーに合わせたブラウンの眉は若干太めに仕上げ、アイラインもブラウンで軽めな色がフレッシュな印象をもたらしてくれます。ベースメイクはできるだけ肌に負担の少ないミネラルファンデーションで、口元同様に透明感を重視したメイクを。リップにポイントを一点に絞ったメイクは、ファッションもデニムなどカジュアルスタイルにも相性抜群です。

01 ワンストロークで自然な血色とツヤを作りだす、リップスティック型のチークカラー。軽い上がりで、化粧持ちに優れ、一日中つけたてのフレッシュな美しさをキープします。チーク＆リップスティック RayeeRRe ¥3,940/ジルレオン　02 ぷるっとみずみずしい甘い唇を作るリップグロス。保水力に優れた和蜜とビタミンや脂肪酸豊富なフルーツオイル＆バター配合で、スイートでリッチな唇を演出します。ミネラルハニーリップ 103 ピュアレッド ¥3,240/MiMC　03 ベーシックでありながら洗練された印象をもたらすピンクのチーク。繊細なパール配合で頬をつややかに、そしてメイク全体をフレッシュに。ビオモイスチュアチーク 01 アニバーサリー ¥2,730/MiMC

for holiday make

01
03
02

メイクが上手になりたいのなら、創造力を持つことが大切。そのためには、雑誌などから好きなメイクを施したモデルの写真を切り抜いて、スクラップするのもおすすめです。自分だけのメイクブックを作ることで、自分の好みも明確になり、インスピレーションリソースとして役立つはず。肌の質感や色からインスピレーションを得たら、自分の個性を引き立てるようにカスタマイズを。誰かの顔に近づけるのではなく、自分の個性にフォーカスを当てたメイクを考える中で過程でこそ、メイクのスキルは磨かれるんです。

chapter3
MAKE
ME
UP

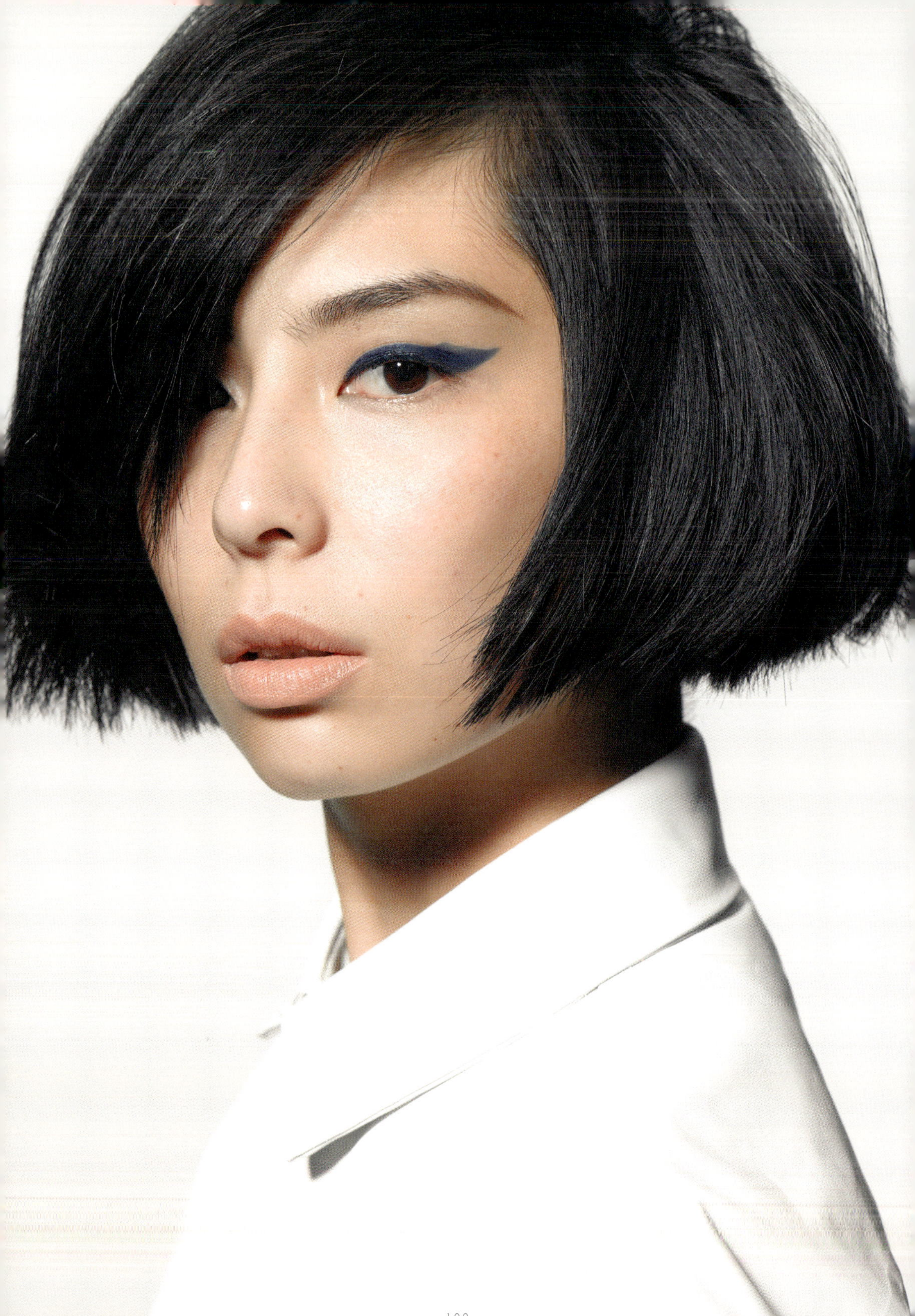

MAKE ME UP

YU AKIMOTO_28_ Faline Tokyo

01 深海を思わせるロイヤルブルーのアイシャドウ。シングルアイシャドー2075 ¥2,625/NARS　02 肌なじみのいいベージュのチークは、透明感を引き出す効果が。ブラッシュ4011 ¥3,150/NARS　03 肌のどこにでも使えるマルチスティックは、チークの上から重ねてツヤ感をプラス。ザ マルティプル1501 ¥5,041/NARS　04 唇の色とブレンドして完成するようなシアーな色づきのリップ。ピュアシアーリップトリートメントSPF J410 ¥3,160/NARS　05 発色がキレイなシャープな質感はもちろん、表現可能なペンシルタイプのシャドウはラインメイクにマスト。ソフトタッチシャドーペンシル8209 ¥3,360/NARS

均整のとれた骨格、意思的な美しいパーツを持つ秋元優さんは、東京の今を体現しているようなアイコニックな存在。アクセサリー、ファッションの細部にまでにも、こだわり凄感じる秋元さんにはどんなメイクをしてもそれを見事に自分色の深さで感じ魅了ます。「その時の気分でメイクをするので、毎日顔が全部違うかも」とメイクに積極的な秋元さんが好きなブランドは、NARS。偶然にも私も秋元さんにはNARSのアイテムばかりをセレクトしていました。メイクのテーマは知性とモードを兼ね備えたハンサムウーマン。切れ長の目元を生かしたアイラインが主役です。ただラインを描くのではなく、目を伏せた時と開けた時の印象がドキッと変わるようなエッジの効いたイナズマ風のアイラインに。デニムのようなダークブルーではね上げて描いたら、他のパーツは彼女の美しい骨格をなぞるように色を重ねてフィニッシュ。アイブロウは長めにして、パンキッシュなアイラインにエレガントなテイストをぶつけました。スキントーンは出来るだけ自然な質感にするのもポイントの一つです。メイクを落とすこともなく、サッとブルゾンを羽織って颯爽と仕事に向かった秋元さん、スタッフ全員から「カッコいい」とどよめきが起こっていました（笑）。

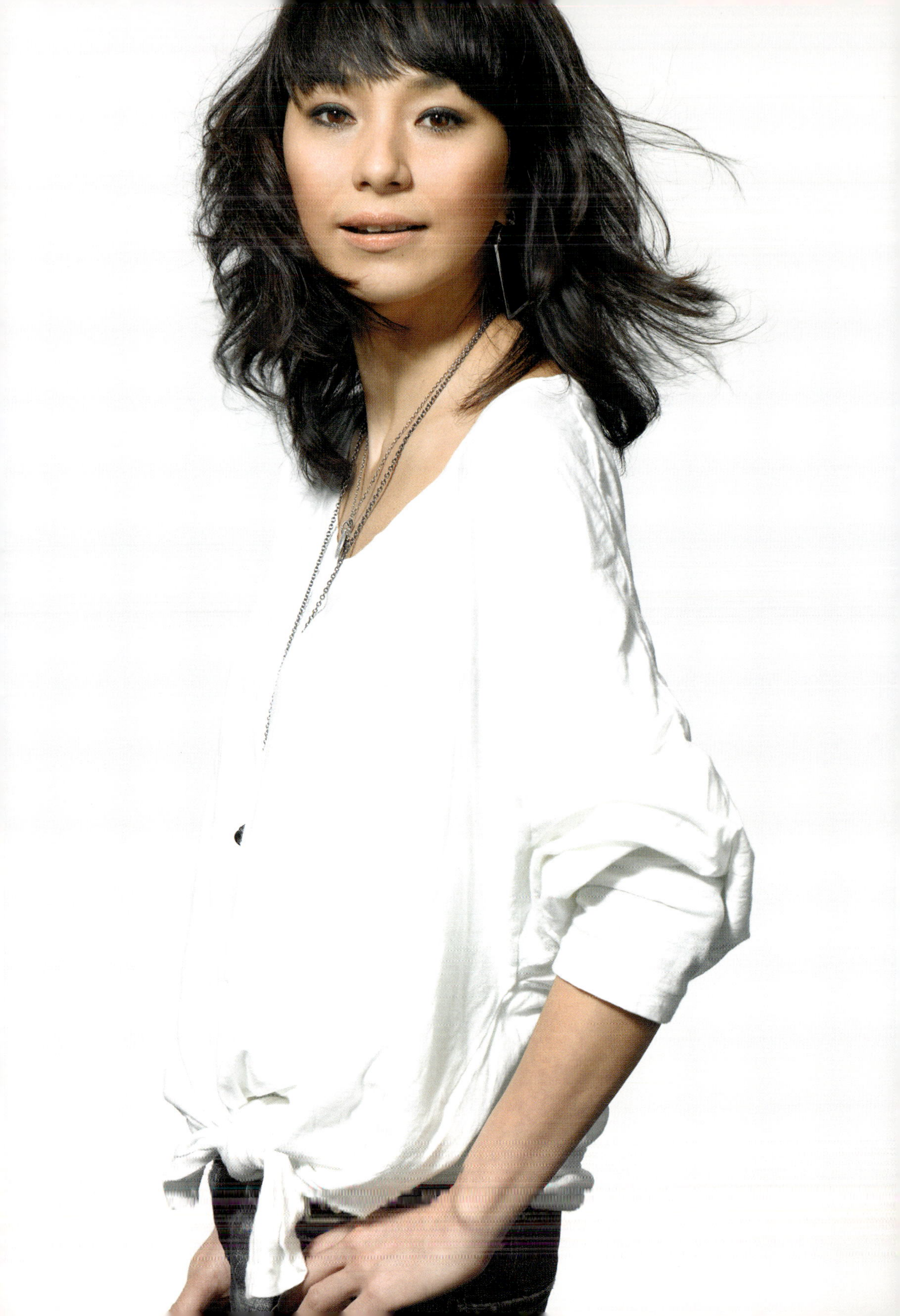

MAKE ME UP

MIEKO KOBAYASHI_39_Pred PR

01 大きめのラメが入ったブラックのアイシャドウは重くなることなく、上品に発色。シングルアイシャドー 2045 ¥2,625/NARS　02 クリーム状のチークは肌にのせるとスフレ状に変化。ベージュピンクを選んで自然なツヤと陰影を。クリーム ブラッシュ No.1 ¥5,670/イヴ・サンローラン・ボーテ　03 モードなスモーキーアイはグレーをセレクト。イリュージョン ドンブル 84 エバタン ¥3,885/シャネル　04 唇にガラスのような輝きと透明感を与えるベージュのグロス。リップガラス シースルー ¥2,205/M・A・C　05 キープ力に優れたウォータープルーフ処方のアイライナーはツヤ感のあるゴールドを。フラッシュパフォーマンス アイライナー ペンシル 05 ¥3,150/THREE

ファッションブランドのプレスとして活躍する小林さんは、サーフィンで健康的に焼けた肌に、リック・オウエンスやアン・ドゥムルメステールといったハイブランドをサラリと着こなすかっこいい女性。個人的には、ケイト・モスだったりロックミュージシャンのミューズ的な存在の女性に近いオーラを感じています。普段のメイクは抜け感を重視。アイラインをマストに目元を強調したメイクをすると、ファンデーションはほとんどしないというフランス人のメイクが好きだそう。顔の形がとてもキレイなのでオールバックでセクシーなメイクにもチャレンジしたかったのですが、ヘアのTAKEさんのヘアカットでロック感のあるグレイッシュなアイメイクに変更。パウダーのシャドウをベースに入れ、アイホールの内側に繊細な輝きのジェル状グリッターシャドウを重ねたら上下にアイラインをプラス。まぶたを閉じた時にキラッと濡れたような質感が高級感のある目元を演出します。チークとリップはベージュトーンの軽い印象にすることで、頑張り過ぎない大人の余裕が表現できたと思います。ヘルシーでセクシーでフェミニンなモード感のあるロックメイク。なんだかいいとこ取りメイクですね（笑）。

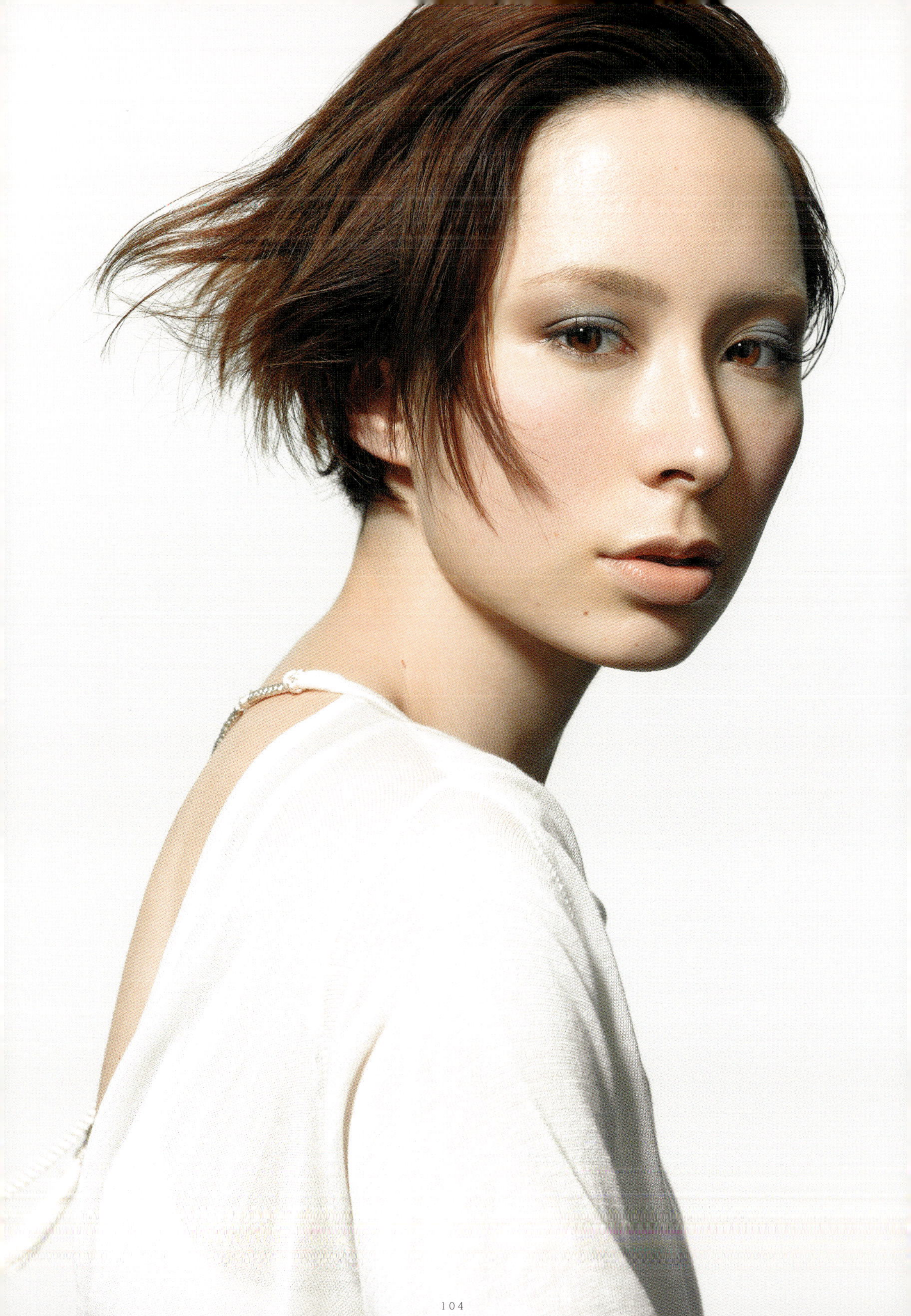

MAKE ME UP　　　　　　　　　　　　　　　　　　FAY_26_OFFICE WORKER

01 天然成分100%でできたリップは保湿効果抜群でグロスいらずの自然なツヤ感を実現。ミネラルルージュ07 ¥3,675/MiMC　02 グリーンとブルーをミックスしたようなミステリアスに輝くシャドウ。ミネラルカラーパウダー 210 ピーコックパーズ ¥1,890/MiMC　03 キープ力とカール力に優れたマスカラはお湯で落とせるため、デリケートな目元への負担もなし。ミネラルアイラッシュパワーズ ¥3,990/MiMC　04 自然な陰影作りに欠かせない、肌なじみのいいベージュのチーク。ミネラルカラーチーク 24 エターナルベージュ 5mL ¥3,360/MiMC　05 大粒の天然ミネラルの輝きやクリア感をプレストしたアイシャドウは、影色としても活躍。ビオモイスチュアシャドー 02 アリゾナロック ¥3,990/MiMC

ミステリアスなブラウンの瞳、明るいヘアカラー、バラ色の頬が印象的なフェイさんは、成有頃の出る美しさを持っていた人。古山時の颯合はすぐかが沈みすすが、親存感が増してていのロロにも現よくフェイさんをもぞりそうにないのではないかな？と思います。フェイさん自身は、フェミニンなムードになるのが苦手で普段はメイクは最小限にとどめているそう。メイクで顔立ちを変えるというより、気持ちや仕草、空気感に作用する部分を大事にしている様子でした。そんな彼女のスタイルを尊重しつつ、透明感のあるブラウンのスモーキーな目元にブルーグリーンの孔雀の羽を思わせるようなカラーを取り入れたアイメイクは、本来肌色の延長線上にはないはずのグリーンやブルーといった色がブラウンカラーと合わせることで不思議となじんでしまうんです。この色はミステリアスな瞳をさらに魅力的にしてくれます。バラ色の頬を生かすため、ファンデーションはコンシーラーで小鼻や、目の下のくすみをカバーする程度で軽く仕上げ、ベージュトーンのチークカラーでヌードトーンを補正する程度にとどめます。黒やブラウンといった締め色はあえてプラスせずとも、繊細さの中にも強さを感じさせる彼女のキャラクターで十分に補完できていると思います。

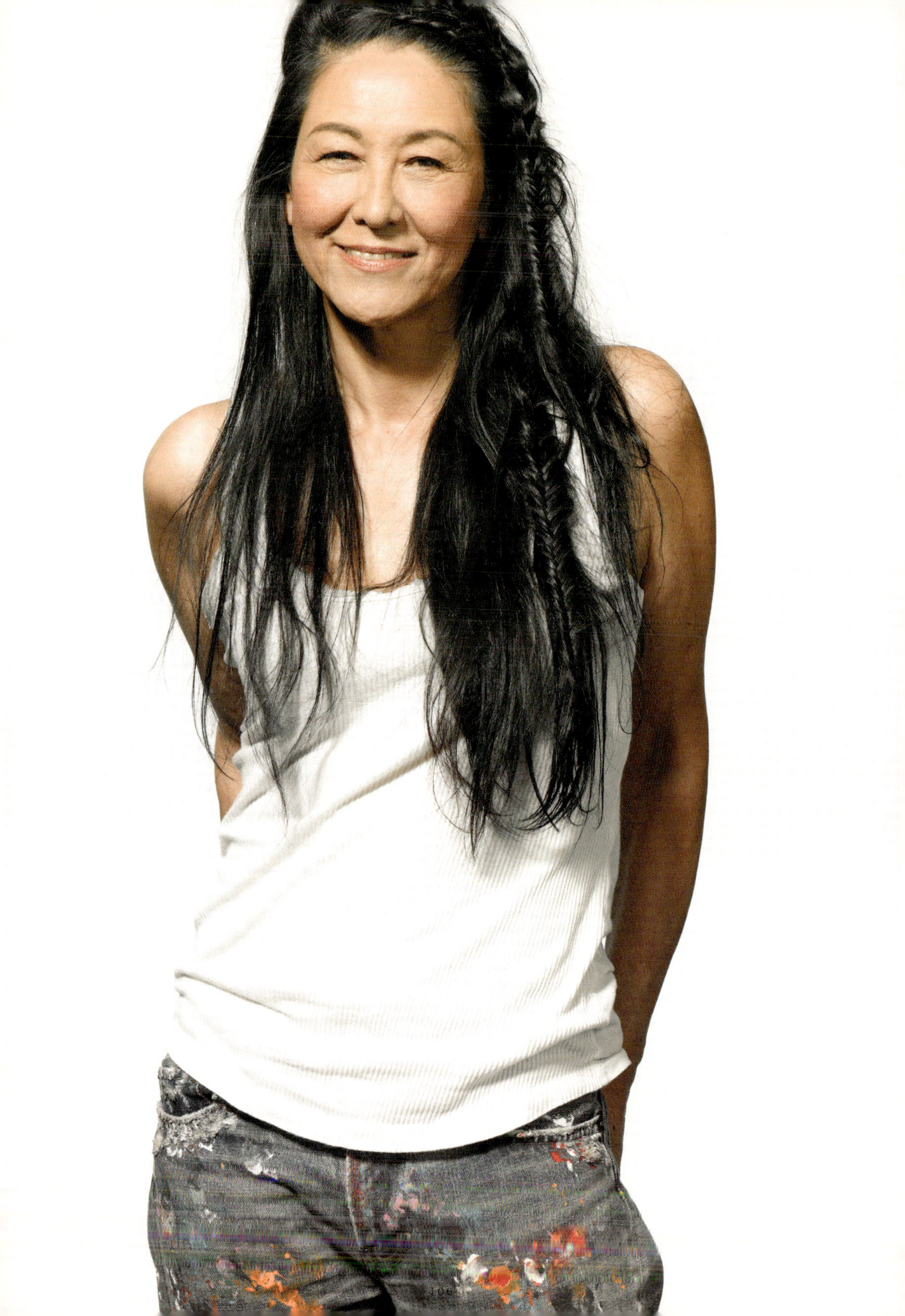

MAKE ME UP   JUNKO ASANO_63_Artist

01

02

03

04

05

01 口元に自然な赤みをプラスする、なめらかなテクスチャーのリップ。ルージュ ココ 05 マドモアゼル ¥3,780/シャネル　02 輪郭だけでなく、唇の色を美しく整えてくれるリップライナーは大人のマストアイテム。グラム タッチ リップライナー 02 ¥2,100/THREE　03 アイホールにゴールドベージュ、目の際にモスグリーンをぼかすことで目元に輝きと自然な立体感を実現。ビオモイスチュアシャドー 03 パンサーメドウズ ¥3,990/MiMC　04 赤みのあるブラウンで日焼けしたような健康的な肌色を再現。ブロンジング パウダー ゴールデンライト ¥4,725/ボビイ ブラウン　05 クリーミーでジェルタイプのテクスチャーのマルチユースアイテムは、頬にのせると、内側から高潮したよう。リップにも使用可能。ポット ルージュ 02 カリソンコーラル ¥3,360/ボビイ ブラウン

浅野忠信さんのお母様である浅野順子さんは、以前ショーのお仕事でご一緒した時の印象が忘れられなくて、今回この仕事をいただいた時に真っ先にお名前が浮かんできました。初めてお目にかかった日にはいつも通り、そしてノーメイクにサングラス姿で颯爽と登場された時には、正直メイクはいらないかなと思ったくらい。ネイティブ・アメリカン・インディアンのような神秘的でプリミティブなムードと、ノーブルな顔だちを併せ持つのが浅野さんの魅力。その大人ならではの解放された美しさを表現すべく、まるで好きな音楽を聴いて上気しているような顔をイメージしてメイクしました。太陽を感じさせるようなオレンジとテラコッタのチークカラーは全て彼女の内側からにじみ出てきたような自然な血色。年齢を重ねるとぼやけがちなリップラインや眉などのフォルムはしっかりとりつつ、デニムに似合う大人の軽い肌はできるだけナチュラル質感のものを。色も主張せず、キャラクターにフォーカスを当てた感じです。普段は日焼け止めすら塗らないとのことでしたが、浅野さんのようにシミや日焼けした肌さえも自分の個性にしてしまうスタイルのある女性は、私がこんな風になりたいと憧れる大人の女性の代表です。

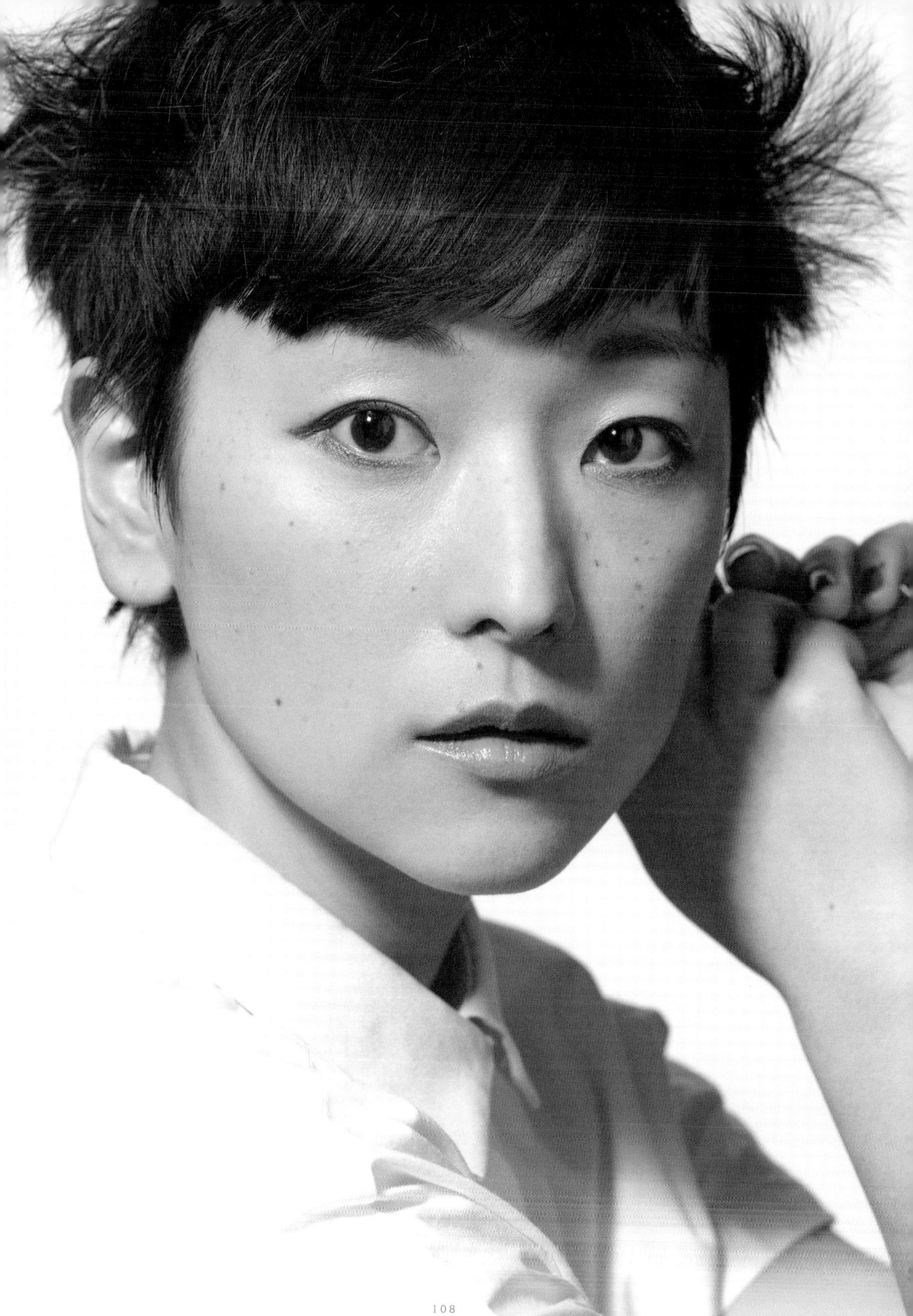

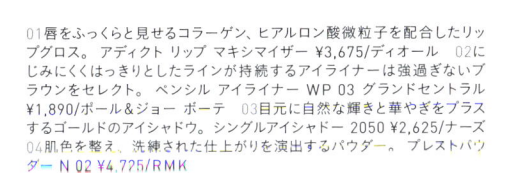

MAKE ME UP   YUKIKO FUJINAGA_38_AD

01

02

03

04

01 唇をふっくらと見せるコラーゲン、ヒアルロン酸微粒子を配合したリップグロス。アディクト リップ マキシマイザー ¥3,675/ディオール　02にじみにくくはっきりとしたラインが持続するアイライナーは強過ぎないブラウンをセレクト。ペンシル アイライナー WP 03 グランドセントラル ¥1,890/ポール＆ジョー ボーテ　03目元に自然な輝きと華やぎをプラスするゴールドのアイシャドウ。シングルアイシャドー 2050 ¥2,625/ナーズ　04肌色を整え、洗練された仕上がりを演出するパウダー。プレストパウダー N 02 ¥4,725/RMK

仕事仲間でもある藤永さんは、しごく"兄のママ"とは思えないエイジレスな女性。今でも一人でいると学生に見られることもあるとか。顔だち的には決して子供っぽいわけではなく、整った意思的な目ッとしている。ので、本人は若く見られようという意識が全くなく、年齢という概念から解放されていることがエイジレスなムードにつながっているのではないかな、と思います。DCモニターに向き合う時間が長いゆえ、普段は甚くメイクをしないという藤永さんには、透明感的な化粧肌を活かす中作りから肌荒しわに限りなくナチュラルなメイクに。目元が元々シャープなのでクールビューティを崩さずにできるだけ"お化粧"という仮面をのせたくないと思いました。目元の涼しさを生かし、目の下だけにグレイッシュブラウンをライン状にすっとのせて、まぶたの上には色というより輝きを。目元のツヤ感が目を生き生きと見せてくれます。メイクを可能な限り削ぎ落し、シンプルにすることで元から持っている個性を光らせるメイクです。透明感を生かしたベースメイクもきわめてナチュラルだけど重要なポイント。人前に出るのは苦手というにも関わらず、受けてくれた彼女に感謝です。

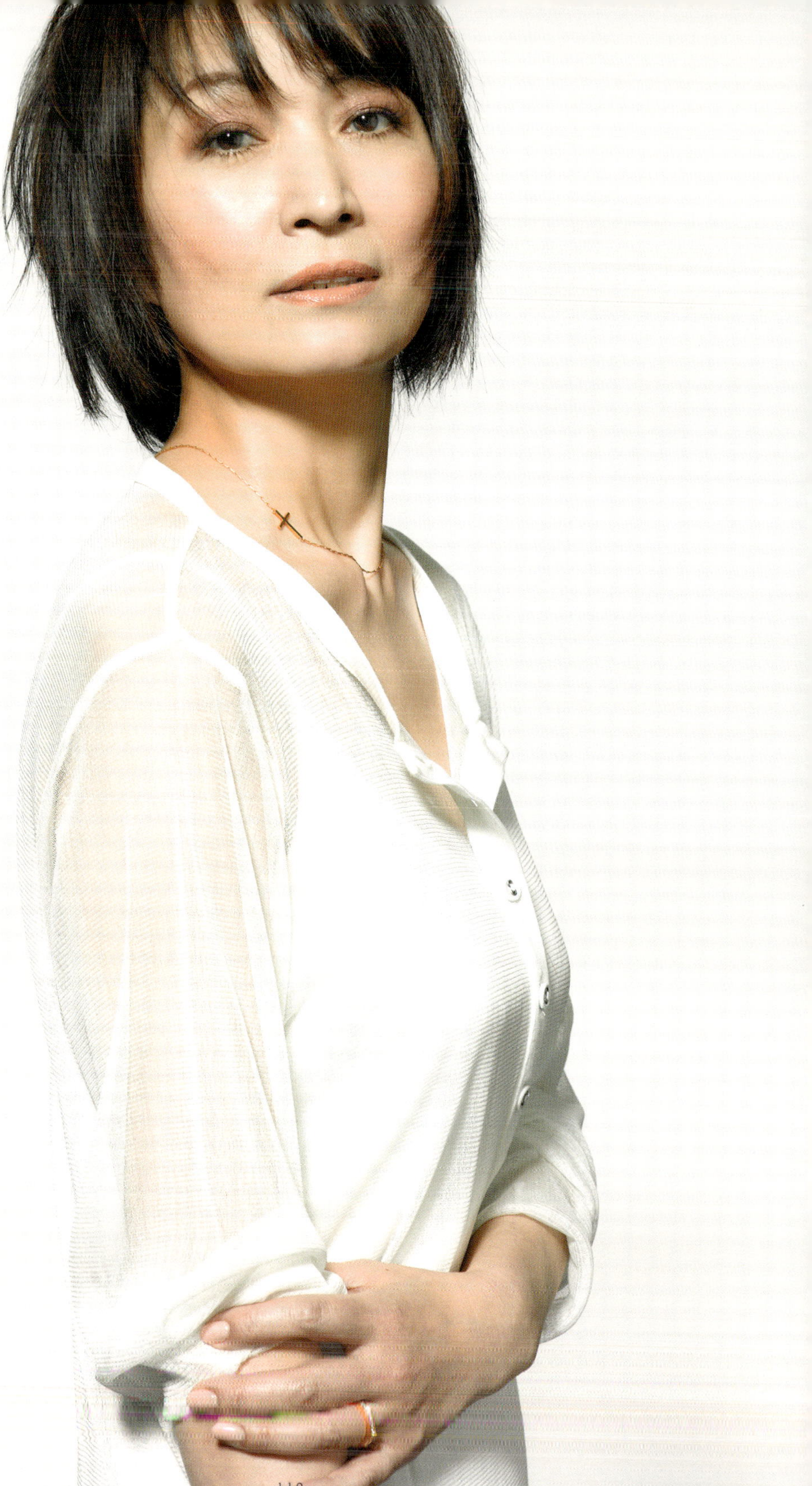

MAKE ME UP

YUKIKO HANGUI_53_ARTISAN&ARTIST

01 肌の明度をアップさせてくれるベージュオレンジのチーク&ハイライター。SK-II COLOR クリア ビューティ ブラッシャー 31 ハッピー ¥6,825/SK-II　02 フレッシュフルーツのようなみずみずしい色合いで、唇に赤みとつややかさをプラス。スーパーバーム モイスチャライジング グロス 02 ラズベリー ¥2,310/クリニーク　03 顔にフレッシュな息吹を与えてくれるベージュオレンジ。ルージュ ピュールクチュール No.23 ¥3,885/イヴ・サンローラン・ボーテ　04 繊細なパールがふんわりと輝き、シアーな発色で静かに主張。ベイクドアイカラー テラコッタ ¥3,150/ローラ メルシエ　05 2色のコンシーラーとルースパウダーがセットになった、隙のない肌作りに最適な逸品。アンダーカバーポット ミディアムアンダーカバーポット ミディアム ¥4,935/ローラ メルシエ

同じ美容業界で働く半杭さんは、さすが美のプロフェッショナル。いつお会いしても手入れの行き届いたキレイな肌の持ち主。美意識の高さが感じられて、表面だけを取り繕ったような美しさではなく、ちゃんとした時間を過ごしている人の肌なんです。美と前向きに向き合っているその姿は女性として見習いたいところがたくさん。豊富な知識から、私の肌に何が必要かを生かし合いつつ、和気藹々とのおしゃべり。メイクからも、自分の目の形をより引き立たせる何点かのテクニックを試してみたり「時には生まれてきたかった（笑）」如感じられますが、女性であることを楽しんでいる人生の先輩の姿には、時に言葉以上のパワーを受け取っています。そんな半杭さんに提案したのは、肌になじむコーラルカラーを中心に全体のバランスを調和で見せるグラデーションメイク。キラキラ感よりツヤ感を意識した華やかなメイクにはすべてのメイクの下地としてベージュを引き、チークと唇に赤みをプラスすることでエレガントでいながらフレッシュさを感じるメイクです。あえてラインを引いたり締め色を使わないことで、彼女の持つ、上品で柔らかいムードが引き出されたと思います。

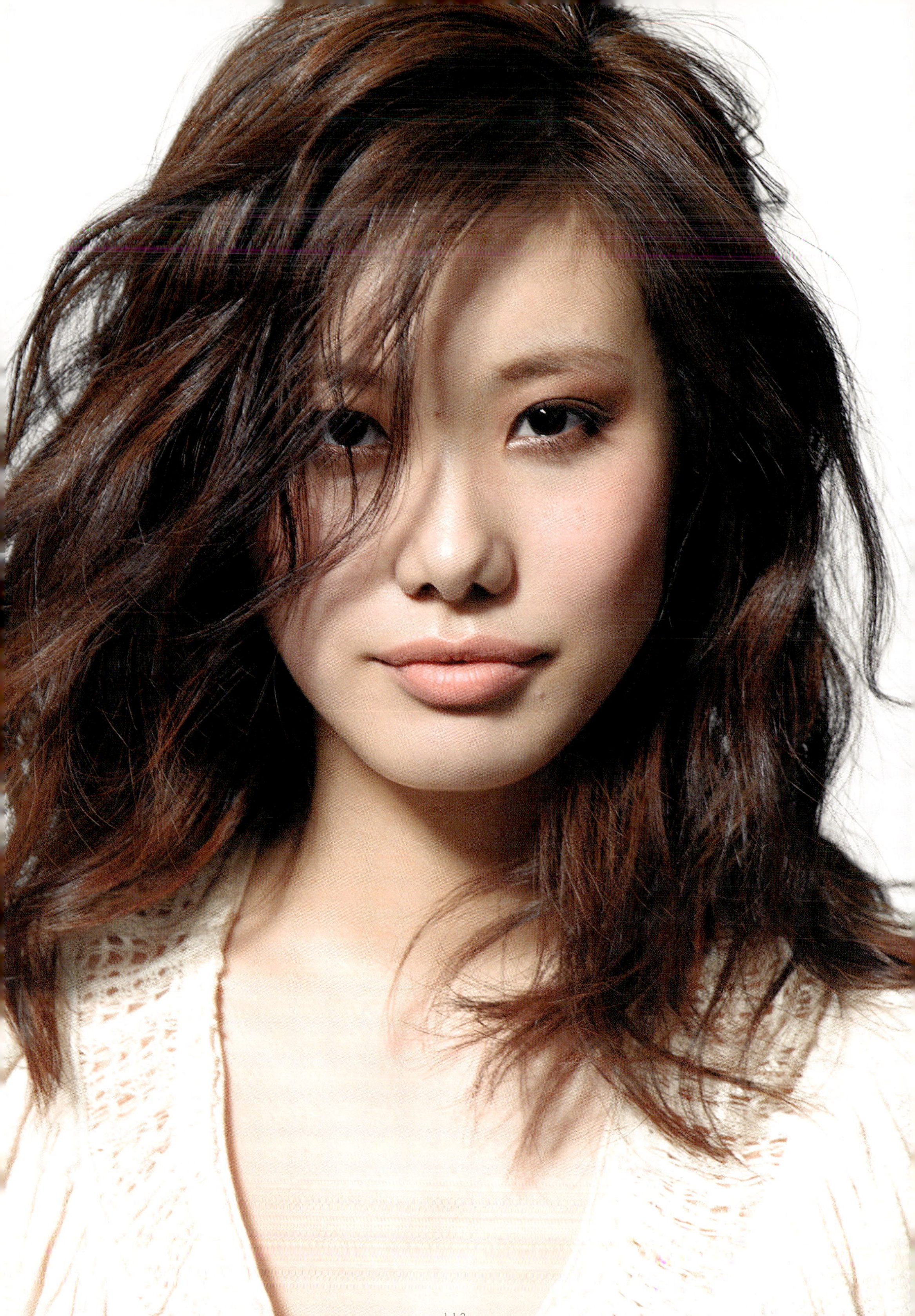

MAKE ME UP

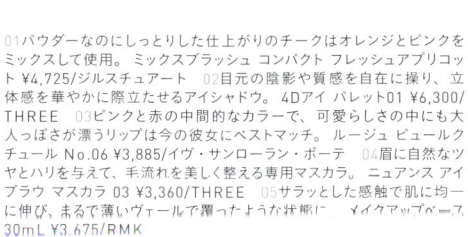

KANAKO NISHIKAWA_20_UNIVERSITY STUDENT

01 パウダーなのにしっとりした仕上がりのチークはオレンジとピンクをミックスして使用。ミックスブラッシュ コンパクト フレッシュアプリコット ¥4,725/ジルスチュアート　02 目元の陰影や質感を自在に操り、立体感を華やかに際立たせるアイシャドウ。4Dアイ パレット01 ¥6,300/THREE　03 ピンクと赤の中間的なカラーで、可愛らしさの中にも大人っぽさが漂うリップは今の彼女にベストマッチ。ルージュ ピュールクチュール No.06 ¥3,885/イヴ・サンローラン・ボーテ　04 眉に自然なツヤとハリを与えて、毛流れを美しく整える専用マスカラ。ニュアンス アイブラウ マスカラ 03 ¥3,360/THREE　05 サラッとした感触で肌に均一に伸び、まるで薄いヴェールで覆ったような状態に。メイクアップベース、30mL ¥3,675/RMK

平成生まれの西原さんは、今どきのルックスとは裏腹に、ちょっと不釣り合いなほどの悠然としたムードを持つ女の子。バイト代のほとんどを趣味の海外旅行に費やし、「洋服やメイクは買うときまとめて」とのことでしたが、程良くこなれ上品でもあるシンプルな私服姿は、彼女のフェミニンなムードをいい塩梅で裏切るものでした。普通は少し緊張するであろうスタジオでの撮影も彼女の屈託のない明るさにタフな一面がちらり。本当はパステルを基調にしたガーリーな印象の甘いメイクを予定していましたが、彼女のパーソナリティに触れるほどに方向性は大きくチェンジ。イエロー～オレンジ～ブラウンのグラデーションを基調にしたワントーンメイクに仕上げました。あえて眉の印象を弱くすることで愛らしい瞳がシャープな意思のある目元に。口角の上がった形のいい唇はグロスなどの甘さとフェミニンさは押え、マットな質感にすることで磨りガラスのような透明感のあるメイクに。実は採用した写真は、彼女がまだ撮られていることを意識していない瞬間を押さえたファーストカットのもの。無意識の状態だっただけに「くやしい～」とのことでしたが、彼女の魅力である無防備ゆえの強さが出た、素敵な瞬間が押さえられたと思っています。

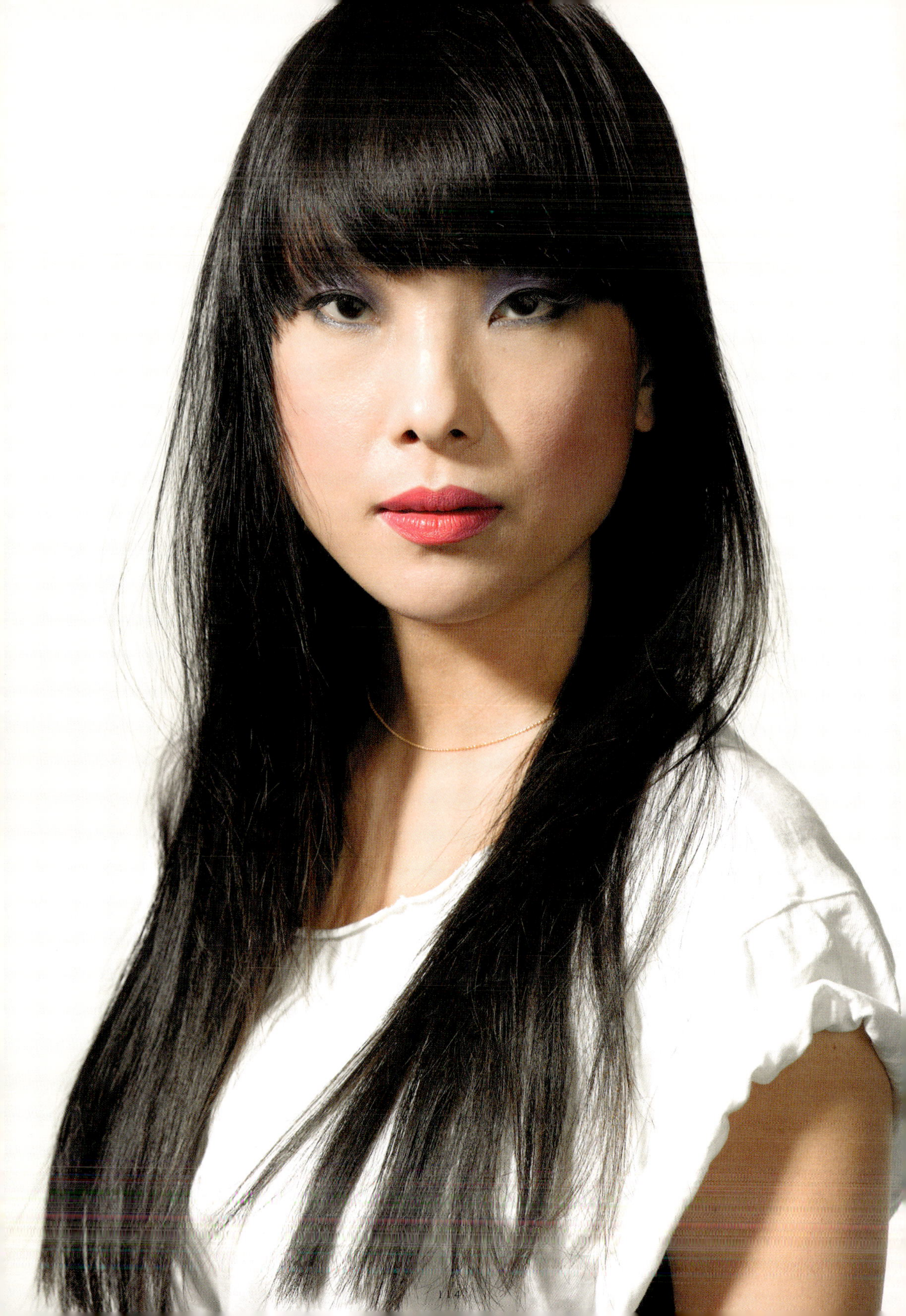

MAKE ME UP   FUJIKO_37_DJ

01 軽やかで、シルクのようになめらかなジェル状のアイシャドウはラインのように使えば、魅惑的な目元を実現。イリュージョン ドンブル 85 ミリフィック ¥3,885/シャネル 02 ヴィヴィッドなピンクのチークは、想像以上に透明感のあるナチュラルな仕上がり。ブラッシュ 4001 ¥3,150/NARS 03 ブルーとパープルのアイシャドウは、光の当たり方によってラメ感が。デュオアイシャドー 3089 ¥4,410/NARS 04 なめらかなテクスチャーのリップは、グロス要らずの自然な輝き。リップスティック インパッション ¥2,940（M・A・C表参道ヒルズ店限定発売）/M・A・C 05 繊細なラインが思いのままに描ける優秀なアイライナーは失敗の心配なし。アイライナー エフォシル ¥4,200/イヴ・サンローラン・ボーテ

ストレートの黒髪に印象的な切れ長の目を持つFUJIKOさんは、NY時代のナイトクラビングで知り合った友人。週末はドレスアップしてフルメイクで出かけるのが楽しみでした。DJである彼女は普段から自分に似合うメイクをよくわかっていて、エキゾチックなアジアンビューティはNYでも外人から注目される存在でした。愛用ブランドは色の発色がキレイなMACやNARS。彼女が備え持っているオルタナティブなテイストにぴったりのブランドだと思います。日中、ティントでほんのり唇や頬に色味を入れ、小花柄の服をふわりと纏うような印象。ほんのり赤味の強いリップもブラシでぼかしたり、少しラメ感の力のようなもので軽く光らせて少し華のあるメイク。仕事でも手が伸びることが少ないのですが、思わず選んだのはディープなパープルとブルーのアイシャドウ。潔くアイホール全体に伸ばして、繊細なパールが入った黒のシャドウをアイホール部分に重ねました。そしてチークは発色のいいピンクを頬骨の高い所からシャープに入れ、唇も80's っぽい青みのピンクをセレクト。全てのパーツに主張するカラーをのせたメイクは誰にでも似合うものでないからこそ、彼女のオンリーワンなキャラクターを引き立てているように思います。

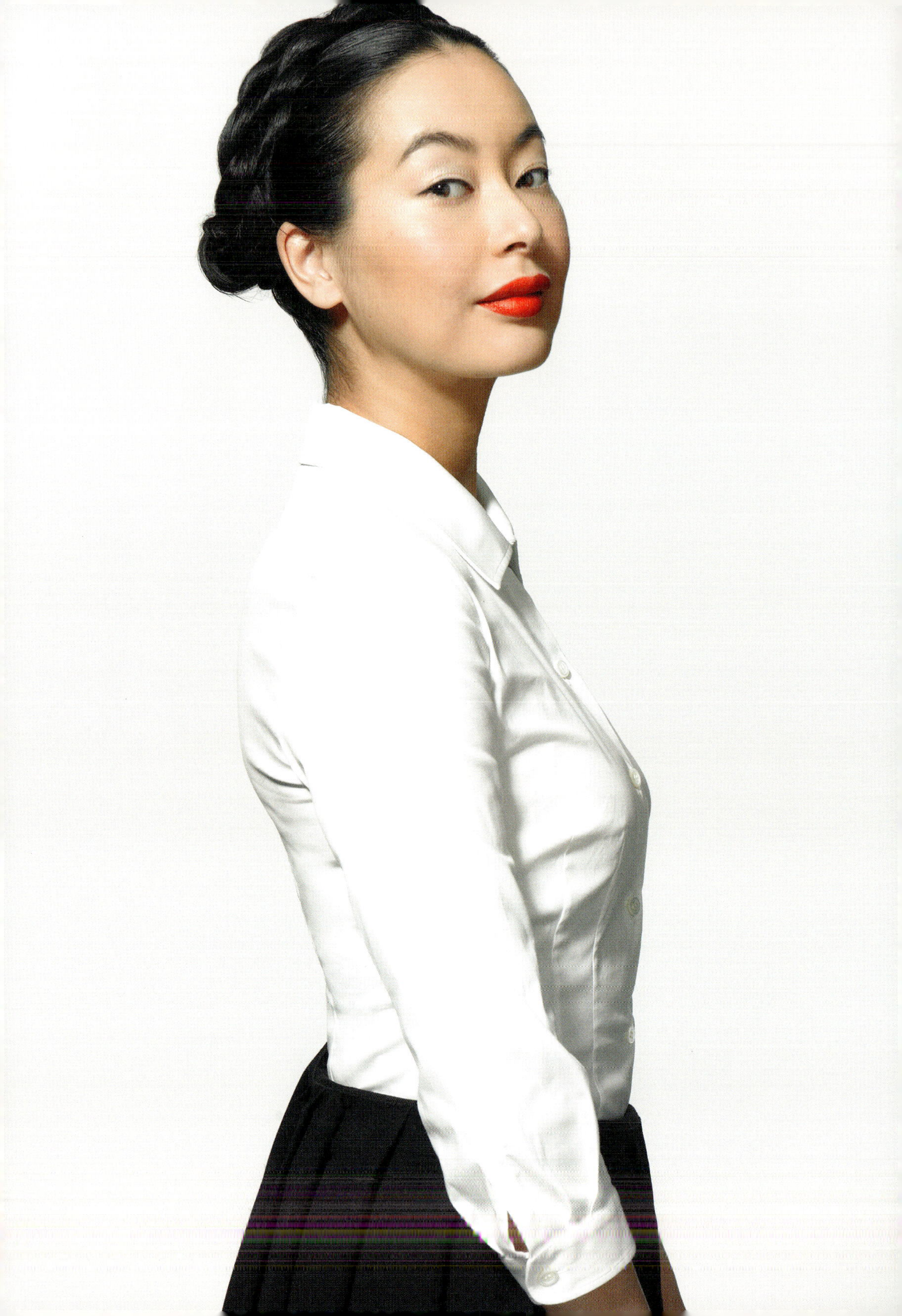

MAKE ME UP

YUMIKO SAKASHITA_36_OFFICE WORKER

01 発色が良く、速乾性のあるリキッドアイライナー。マエストロ リキッド アイライナー ¥4,200/ジョルジオ アルマーニ　02 唇に潤いと輝きをもたらすリップは深みのあるレッドで口元に品格を。リップスティック ロシアン レッド ¥2,940/M・A・C　03 濡れたように鮮やかな仕上がりでありながら、つけ心地はさらりとした軽い感触のアイシャドウでツヤめきをプラス。アイ ラッカー WP Odette ¥2,625/アディクション　04 どんなトーンの肌色をも美しく演出するフェイス パウダー。ル・プリズム 84 ベージュ・モスリン ¥6,300/パルファム ジバンシイ　05 なめらかに肌にフィットし、色ムラをカバーする3色コンシーラー。クリエイティブコンシーラー ¥3,675/イプサ

さりげなく暖かな白い肌にリップだけ品よく紅。そして瞳には凛っとした知性と品格が備わる瞳。いつもオールバックのスタイルで決めた坂下さんは、どこかストイックな絵画の中から抜け出してきたような美しさを持つ女性です。驚くことにキメ細やかな肌の秘密は、洗顔後のみずみずめ。そしてメイクは赤い口紅、ぞれのみ。本人曰く「ファッションもメイクもスタイルありきではなく面倒くさがりゆえ落ち着いた感じです」とのこと。メイクは、どこかユニフォーム感のある服などからも彼女の個性を生かした赤リップ一点主義に。赤いリップを引き立てるため、くすみやクマなどをコンシーラーでカバーし、セミマットなパーフェクトな質感の肌に仕上げます。こうすることで彼女の本来持っている古典的な雰囲気とクラシックなリップメイクがマッチしてきます。ふっくらとした丸みを生かしたラインに、彩度の高い赤リップ、目元はくすみのないクリアなカラーに極細のアイラインで締め、抜け感を作ることで、クラシックなムードもモダンへと昇華させました。普段の彼女はマスカラもアイラインもしないとのことでしたが、撮影向きではないものの、その潔さも素敵だなと思います。

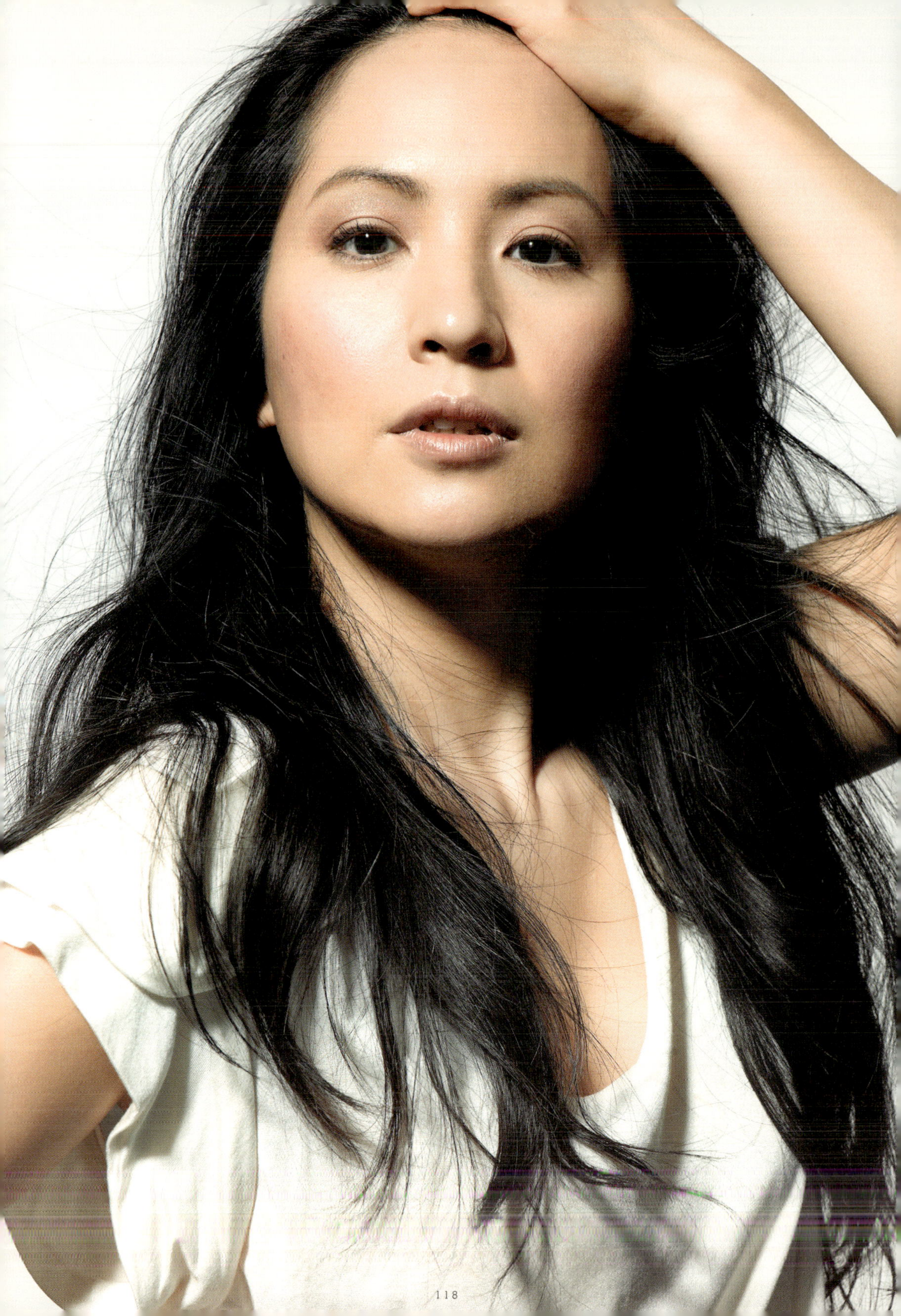

MAKE ME UP　　　　　　　　　　　　　　　　　　　　　　KAHIMI KARIE_44_MUSICIAN

01 サテンのような光沢感が美しい大人のための繊細なピンク。ルージュ ココ 20 ローズ コメット ¥3,780/シャネル　02 色と光のコントラストで、眼差しの印象を深くする2色のアイライナー。コントラスティングWアイライナー 05 ダークブラウン ¥2,625/ルナソル　03 質感の異なる2色のアイシャドウは、ナチュラルカラーをモードに昇華。デュオアイシャドー 3018 ¥4,410/NARS　04 内側からにじみ出るような血色をもたらすチークで肌の透明感をアップ。SK II COLOR クリア ビューティ ブラッシャー ノーブル ¥6,025/SK II

黒髪に白い肌、細かい顔のパーツが小さな面積で居心地よく居場所を見つけているきめ細やかな美しさは、時の経過を忘れさせてしまうほど。自分の決めた道を妥協することなく歩んできた人ならではの強さ、やさしさがプラスされて、ちょうど今いい感じの美しさへと溢れ出している。話してみると拍子抜けするほどにナチュラルでキュートな女性。お母さんとなった今は、子育てが楽しくて、自分のことをかまっている時間は勿体ないほどだとか。そんな今の彼女にぴったりだなと思ったのは、徹底的に透明感と質感を生かしたメイク。色をのせるというよりもヴェールをかけていくような気持ちでシャドウをプラスしました。肌の持つ自然な赤みやツヤ感をさりげなく頬と唇にプラスするだけで生き生きと生命力を感じるような質感がポイントです。「主人や娘に見せたいのでこのままでもいいですか？」と軽やかに帰っていく姿は、見ている側までも幸せな気持ちにさせるほど。10年後にはさらに透明感を増しているような、そんな気がします。

MESSAGE from MICHIRU

「メイクはファッションの一部」「肌は究極のアクセサリー」と言うように、ファッションとメイクは常にリンクしています。ベースメイクがきれいであればそのメイクは成功したと言ってもいいくらい重要なプロセスです。女性はいくつになってもきれいになりたいものだし、その願いを叶えてくれるのは決して高度で複雑なテクニックではなく、その年齢や時代に合わせた"自分らしさ"を引き出すメイクだと思っています。

今回このお話をいただいた時に浮かんできたイメージ。それは、メイクは自己表現の方法の一つでもあるけど、全ての人の中に存在する個性、その美しさを伝えることができないかということでした。存在そのものが輝いているような、誰でもない自分のためのメイクを。自分が自分でいるために。

たくさんの方の協力と愛、クリエイティブ力の元にこの本はできあがりました。二人三脚で編集、ライティングで関わってくれた本間さん、出版する機会を与えてくださったマーブルトロンの小池さん。15名のモデルとして快く出演協力してくれた皆さん。素晴らしい写真を撮ってくださったカメラマンの森さん、中川さん。素敵なデザインにしていただいた吹田さん、後藤さん。扉に本のコンセプトを体現するような素敵なイラストを描いてくださったAMATAのMIKAさん。アシスタントの山下ちゃん、マネージャーの内田さん。制作に携わってくださった全ての皆さん。今までのたくさんの仕事、プライベートを通して一緒に歩んできた数多くの仲間達、サポートしてくれた家族、そしてこの本を手にしてくださった皆様に心から感謝いたします。

2012／5月吉日　新月　MICHIRU

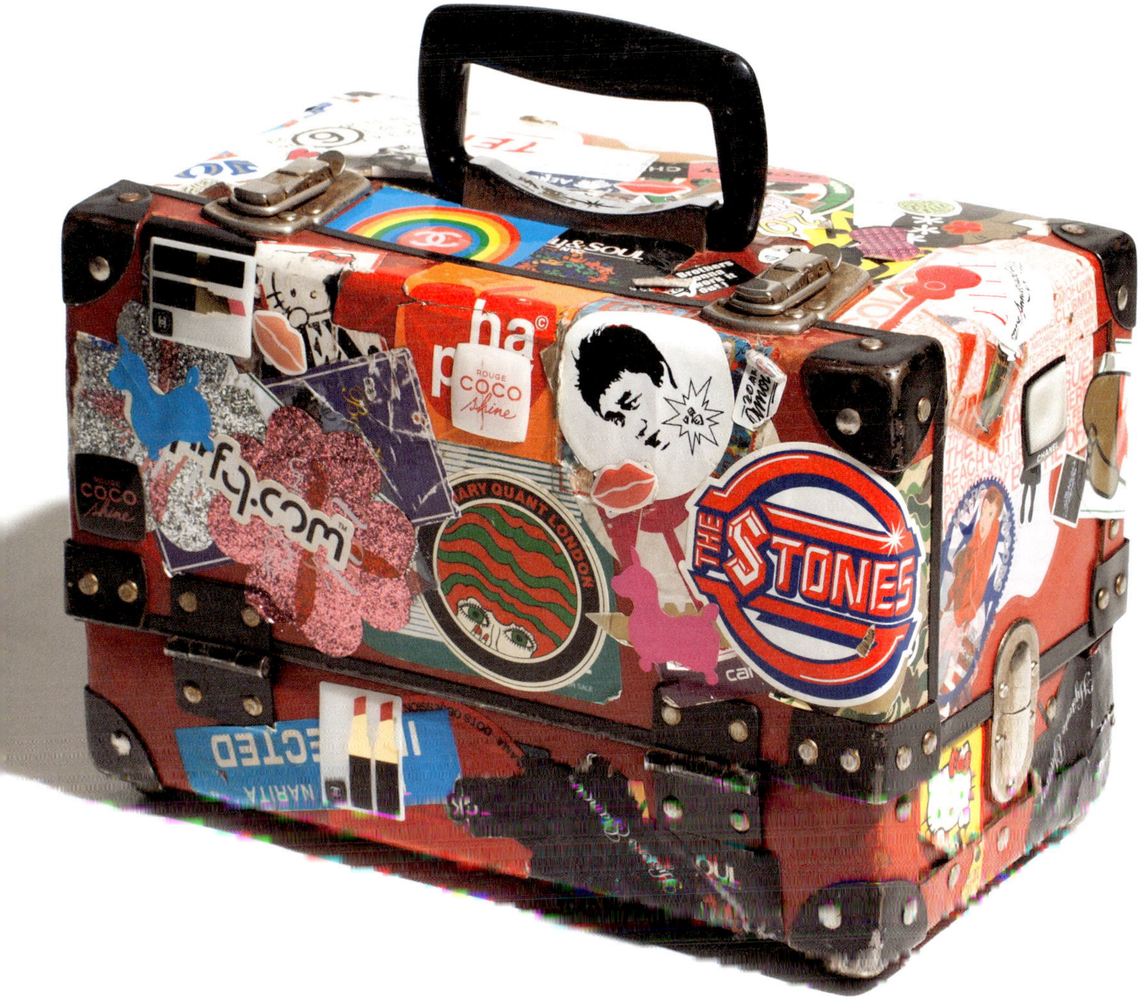
ROUGE
COCO
shine
ROUGE
COCO
shine
THE STONES

WWD Beauty (2006)
WWD Beauty (2007)
WWD Beauty (2006)
WWD Beauty (2007)
WWD Beauty (2006)

WWD Beauty (2010)

re-quest QJ

WWDBEAUTY
2006 Spring

Fresh & Luxe

SPUR

SPUR

WWD Beauty (2006)

DUNE / Mika Nakashima

ELLE Dior

re-quest QJ

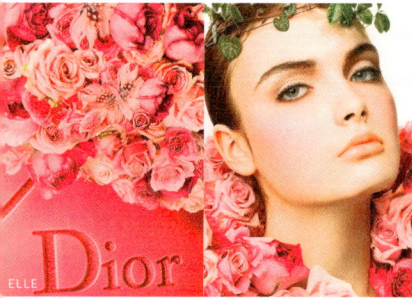

WD Beauty (2007)

MiMC

124

WWD Beauty (2006)

WWD business
vol.1266 SEP.27 2004

化粧品売り場のこれから
2004年秋の改装から占う

BEAUTY

WWD Beauty (2004)

BWNG / Mika Nakashima

WWD Beauty (2006)

BRAND LIST

アディクション(アディクション ビューティ)　　　　　　　　　　　　　0120 586 683

アナスイ(アナ スイ コスメティックス)　　　　　　　　　　　　　　　0120 735 559

アーユス(インアンドヤン)　　　　　　　　　　　　　　　　　　　　03 5721 2644

RMK(RMK Division)　　　　　　　　　　　　　　　　　　　　　　0120 988 271

イヴ・サンローラン・ボーテ(イヴ・サンローラン・ボーテ)　　　　　　03 6911 8563

イソップ(イソップ・ジャパン)　　　　　　　　　　　　　　　　　　03 5411 7440

イプサ(イプサお客さま窓口)　　　　　　　　　　　　　　　　　　　0120 523 543

ヴェリマ(ケーツー・インターナショナル)　　　　　　　　　　　　　086 270 7570

SK−Ⅱ(マックス ファクター)　　　　　　　　　　　　　　　　　　0120 021 325

MiMC(エムアイエムシー)　　　　　　　　　　　　　　　　　　　　03 6421 4211

エレガンス コスメティックス(エレガンス コスメティックス)　　　　0120 766 995

オーガニックボタニクス(リッチフィールド)　　　　　　　　　　　　06 4802 4800

オーブ クチュール(花王ソフィーナ)　　　　　　　　　　　　　　　0120 165 691

カグレ ホリスティックビューティー(かぐれ表参道)　　　　　　　　03 5414 5737

クリニーク(クリニークお客さま相談室)　　　　　　　　　　　　　03 5251 3541

ゲラン(ゲラン)　　　　　　　　　　　　　　　　　　　　　　　　0120 140 677

シスレー(シスレージャパン)　　　　　　　　　　　　　　　　　　03 5771 6217

シャネル(シャネル カスタマー・ケア・センター＜香水・化粧品＞)　　0120 525 519

シュウ ウエムラ(シュウ ウエムラ)　　　　　　　　　　　　　　　03 6911 8560

ジュリーク(ジュリーク・ジャパン)　　　　　　　　　　　　　　　0120 400 814

ジョルジオ アルマーニ(ジョルジオ アルマーニ コスメティックス)　　03 6911 8411

ジルスチュアート(ジルスチュアート　ビューティ)　　　　　　　　　0120 878 652

SUQQU (SUQQU Division)	0120 988 761
THREE (ACRO)	0120 898 003
ディオール (パルファン・クリスチャン・ディオール)	03 3239 0618
D.U.P (ディー・アップ)	03 3479 8031
ナチュラグラッセ (ネイチャーズウェイ)	0120 060 802
NARS (NARS JAPAN)	0120 356 686
ハニーハウスナチュラルズ (AYUSBAY)	048 729 7077
パルファム ジバンシイ (LVMHフレグランスブランズ)	03 3264 3941
ヘレナ ルビンスタイン (ヘレナ ルビンスタイン)	03 6911 8287
ボビイ ブラウン (ボビイ ブラウン)	03 5251 3485
ポーラ (ポーラお客さま相談室)	0120 117 111
ポール&ジョー ボーテ (ポール&ジョー ボーテ)	0120 766 996
M・A・C (メイクアップ アート コスメティックス)	03 5251 3541
マックス ファクター (マックス ファクター)	0120 021 325
メイクアップフォーエバー (LVMHコスメティック)	03 3263 9321
ヨンカ (ヨンカ)	03 6447 1187
ランコム (ランコム)	03 6911 8161
リンメル (リンメル)	0120 878 653
ルナソル (カネボウ化粧品)	0120 518 520
ローラ メルシエ (メルシス)	0120 343 432

本書に掲載されている情報は、2012年6月現在のものです。掲載製品は全て本体価格に消費税を含めた希望小売価格で表示されています。

MICHIRU（ミチル）

メイクアップアーティスト&ビューティディレクター。渡仏、渡米を経て現在3rd所属。国内外のファッション誌、広告、CF、Beauty Directionや化粧品のアドバイザー、MiMCのクリエイティブディレクター等、幅広いフィールドで活躍。2009年 オリジナルのオーガニックアンチエイジングオイル AYUSをプロデュース。肌、心、体がきれいになれるインナービューティの提唱も。
http://make-michiru.com/

MARBLE BOOKS®

MAKE YOU UP
ETERNAL BEAUTY RULES

MICHIRU 著

2012年7月20日 初版発行
ISBN-978-4-89610-239-0 C0076

エディトリアルディレクター	本間裕子	マーブルブックス出版本部	
アートディレクター	吹田ちひろ / つなぐ	編集部	小池洋子
デザイン	吹田ちひろ 俊藤麻衣 / つなぐ	営業販促部	酒井晴志 田中詩乃
撮影	森豊（chapter1,2 & chapter3 静物） 中川真人（cover & chapter3 人物）	発行者	木下和也
ヘア	TAKÉ（chapter3）	発行	株式会社マーブルトロン 株式会社フォンツ・ホールディングス フォンツ・パブリケーション マーブルブックス編集部 〒105-0003 東京都港区西新橋1-1-15 物産ビル別館4F Tel 050-5833-2925 Fax 03-5377-1301 books@marbleweb.net
レタッチ	山梨悦之介 / DIGICAPSULE		
モデル	ソフィア / フォリオ ANZ / OIP 西村直子 田熊ゆい 岡村貴子 秋元優 小林三江子 FAY 浅野順子 藤永有希子 半杭由起子 西川可奈子 FUJIKO 坂下裕美子 カヒミカリィ		
イラスト	MIKA / AMATA	発売	メディアパル 〒162-0813 東京都新宿区東五軒6-21 Tel 03-5261-1171 Fax 03-3235-4645
撮影協力	NARS JAPAN MiMC suzuki takayuki Pred PR 内田浩正 山下小百合 中澤睦夫 Ryu Studio	印刷・製本	大日本印刷株式会社

http://www.marbleweb.net
マーブルブックスの既刊情報がご覧になれます。

○定価はカバーに表示してあります。○造本には十分に注意しておりますが、万が一、落丁・乱丁などの不良があれば、お手数ですがマーブルブックス営業販促部までお送りください。送料は当社負担にてお取り替えいたします。○編集内容につきましては、すべてマーブルブックス編集部までお問い合わせください。○本書の無断複製（コピー）は著作権法上の例外を除き禁じられています。また、代行業者等に依頼してスキャンやデジタル化を行うことは、たとえ個人や家庭内での利用を目的とする場合にも著作権法違反です。

All rights reserved. No part of this publication may be reproduced in whole or part in any form or by any means without permission from the publisher.
MARBLE BOOKS welcomes new contributors. Contact details below.
Published by THE MARBLETRON INC.
4F,Bussan Build. Annex,1-1-15, Nishishinbashi,Minato-ku,Tokyo,Japan 105-0003
books@marbleweb.net   http://www.marbleweb.net
© 2012 MICHIRU
® 2012 THE MARBLETRON INC. / 2012 FONTZ PUBLICATION
Printed in Japan